감정 관리도 실력입니다

상황을 이해하고 태도를 결정하는

감정 관리도 실력입니다

(함규정) 지음

청림출판

감정을 제대로 표현해야
행복해질 수 있다

"나 완전히 멘탈이 나갔잖아.", "요즘 간, 쓸개 다 빼놓고 다닌 다니까."

사람들은 직장생활의 힘겨움을 이렇게 표현하고는 한다. 과도한 업무량에 성과에 대한 압박까지, 사실 누구에게나 직장생활은 고되다. 그런데 정말 우리를 힘들게 하는 것은 따로 있다. 바로 '사람'이다. 단순히 업무 때문이 아니라, 사람 때문에 더 힘들다. 상사 눈치에 후배 눈치까지, 게다가 까다로운 고객의 비위를 맞추는 것은 간, 쓸개를 다 빼놔야 가능하다는 생각까지 들 정도다.

직장인들은 최소 여덟 시간에서 많게는 12시간 이상을 직장에서 보낸다. 이 시간 동안 우리는 업무를 수행하고, 거래처 사람을 만나고 직장 동료와 후배, 상사들을 대한다. 그렇게 사람들과 부대끼다 보면 감정적으로 지칠 때가 많다. 할 수만 있다면 감정은 집에 남겨둔 채 출근하고 싶을 때가 한두 번이 아니다. 그런데 과연 한순간이라도 감정을 갖지 않은 채 일하고, 사람들을 만나는 게 가능할까? 마음을 먹으면 우리 안에 감정이 생기지 않게 될까? 전혀 그렇지 않다. 감정은 막는다고 없어지지 않는다.

이성과 감정, 두 개의 날개를 달아라

우리는 의사결정을 하거나 행동할 때 이성적으로 판단하려고 애쓴다. 그러나 곰곰이 생각해보면, 의사결정을 내리는 순간에도 항상 감정이 개입되어 있다. 아무리 공과 사를 구분해서 행동하려고 해도, 어쩔 수 없이 내 감정이 행동에 영향을 미친다.

감정을 억누르고 언제나 이성적으로 행동한다는 것을 자랑으로 내세우는 사람들이 있다. 얼핏 생각해보면, 직장생활을 하면서 감정을 드러내지 않는 태도는 꽤 똑똑해 보인다. 자신의 감정을 철저히 통제해서 일을 그르치지 않는 치밀한 사람으로 보이기도 한다.

그러나 이성적인 사람이 반드시 현명한 사람이라고는 할 수 없다. 이는 반쪽짜리 날개만 달고 날아가는 새와 같다. 이들은 감정과 이성을 적절히 활용하지 못하므로 균형 있게 살아가지 못할 뿐만 아니라, 자신의 감정을 읽고 소중히 다루지 못해 쉽게 지친다. 다른 사람의 감정에도 관심이 없기 때문에 사람의 마음을 얻고 이끌어가야 하는 리더의 자리에 오르기도 어렵다.

감정적으로 욱해서 일을 그르치거나, 나중에 후회할 행동을 하는 것은 평소에 감정을 하찮게 다뤄왔기 때문이다. 감정을 꾹꾹 억누르고 통제하다 보면 어느 순간 걷잡을 수 없이 폭발한다. 이렇게 폭발한 감정은 다스리기 더 어렵다.

우리는 수많은 감정을 느끼며 산다. 최선을 다해 준비한 보고를 무사히 끝낸 후 만족감을 느끼고, 상사의 코칭을 받고는 열정적으로 일해보겠다고 다짐하기도 한다. 불편한 사람을 복도에서 마주칠 때면 어색함을 느끼지만, 점심시간에 가까운 동료들과 산책을 하며 행복감을 느끼기도 한다. 이처럼 매 순간 내 마음이 느끼는 모든 것, 그것이 바로 감정이다. 이런 감정은 우리의 생각과 행동에 중요한 영향을 미친다.

우리가 느끼는 모든 감정은 존재해야 할 이유가 있다. 그러므로 내 감정을 제대로 느끼도록 노력하고 이를 소중히 여겨야 한다. 감정을 무시하면 제대로 다룰 수 없고, 이로 인해 의사결정에서 더 많이 실수하고 사람들과의 관계 또한 멀어질 수 있기 때문이다.

삶이 힘든 이유는 단순히 상황 때문이 아니라, 그 상황으로 인해 갖게 되는 감정 때문이다. 내 감정을 내 마음대로 할 수 없기 때문에 끊임없이 상처 입고 밤잠을 설치며 힘겨워한다. 그러나 우리를 힘들게 하는 화, 좌절, 두려움과 같은 감정조차도 내 안에 당연히 있어야 할 감정들이다. 나쁜 감정이란 없다. 감정을 다루는 우리의 방법이 잘못되었을 뿐이다.

감정 관리를 잘해야 성공한다

직장에서 함께 일하는 사람들을 바꾸기란 쉽지 않다. 내가 직장을 옮기거나 상대방이 다른 곳으로 자리를 옮기기 전까지는 얼굴을 맞대고 일해야 한다. 하지만 감정을 잘 다룰 수만 있다면 보다 성공적으로, 행복하게 직장생활을 할 수 있다. 승진에서 탈락해 속상한 자신의 감정을 돌아보고 스스로 다독이는 것, 직장 동료가 첫아이를 얻고 행복해할 때 함께 기쁨을 공유하는 것, 업무 지시를 매번 어겨 일을 그르치는 팀원에게 단호함을 보이는 것, 주체할 수 없이 화가 난 자신의 상태를 알아차리고 그 순간을 현명하게 넘기는 것 등 감정을 활용하고 다스리는 일은 성공적인 직장생활을 위해 꼭 필요하다.

이 책에는 자칫 업무와 사람으로 인해 지칠 수 있는 우리의 감정을 되돌아보고 소중하게 다독이고 제대로 관리하는 방법을 담았다. 또 직장에서 함께 일하는 상사, 부하, 동료들의 감정을 현명하게 이끌 수 있는 구체적인 방법도 제시했다. 사람들과 더불어 감정을 나누고, 더 나아가 상대방의 마음을 얻는 데 이 책이 든든한 지원군이 되어줄 것이다.

우리는 수학 문제를 어떻게 풀어야 하는지, 직장에 입사하기 위해 면접을 어떻게 준비해야 하는지, 인정받는 좋은 기획서를 어떻게 써야 하는지에 대해서는 배워왔다. 그러나 단 한 번도 내 안의 감정을 어떻게 다루고 다른 사람들의 감정에 어떻게 대처해야 하는지에 대해서는 배운 적이 없다. 그래서 때때로 감정에 압도되어 무너지고, 힘들어하며, 상처를 받는다.

더 이상 감정 때문에 힘들어하지 말자. 지금부터 내 안의 감정들을 제대로 다루어 직장에서 더 잘 살아가는 법을 알게 될 것이다.

3장 이런 감정, 어떻게 관리해야 할까요?
감정을 다루다

1장

✦

감정,
굳이 관리해야
하나요?

나를
들여다보다

"짜증, 화, 우울"
세 가지 감정만 느끼는 당신

감정코칭을 하려고 사무실에 들어가니, 40대 초반으로 보이는 직장인이 나를 기다리고 있었다. 스스로 코칭을 받겠다고 자처한 건 아니고, 매년 진행하는 임원·리더코칭 프로그램 때문에 반강제적으로 나를 만나게 된 듯했다. 그는 마음이 그리 편해 보이지는 않았다. '내가 왜 감정코칭을 받아야 하지? 내가 감정적으로 문제가 있다는 건가?' 대체 회사에서 성과 내는 것과 감정코칭이 무슨 상관이냐는 불만이 표정으로 드러났다. 나는 그에게 종이 한 장을 내밀며 말했다.

"김 팀장님, 지난 일주일 동안 느꼈던 감정을 모두 써보세요."

그는 시큰둥하게 내 얼굴을 힐끗 쳐다보았다.

"그냥 단어로 쭉 쓰면 되나요?"

그렇다고 대답하자 그는 곧바로 펜을 들었다. 얼른 해치우고 일하러 가려는 생각인 듯했다. 그런데 호기롭게 펜을 빼들던 태도와는 달리 그는 한동안 머뭇거렸다.

"가만있자, 지난주에 어떤 감정을 느꼈더라? 으음……."

잠시 후, 그는 내게 작성한 종이를 내밀었다. 처음과 다르게 이상하게 풀이 죽어 있었다. 그가 건넨 종이 한구석에 '짜증, 화, 우울'이라는 세 단어가 불쌍하게 몰려 있었다.

"지난 일주일 동안 이 세 가지 감정만 느끼셨다는 거죠?"

"잘 모르겠어요."

그는 겨우 세 가지 단어밖에 쓰지 못한 스스로에게 불만스러운 눈치였다. 이 사람은 유독 감정에 무딘 사람인 걸까? 아니면 감정적으로 문제가 있는 걸까?

예상 외로 우리 주위에는 감정을 제대로 느끼지 못하는 사람들이 넘쳐난다. 하루 24시간, 일주일 168시간을 살면서 사람이 어떻게 딱 세 가지 감정만을 느낄 수 있을까? 그건 불가능하다.

지난 일주일 동안 김 팀장은 짜증, 화, 우울 외에 다양한 감정을 느끼며 살았다. 아들이 유치원에서 그려온 아빠 얼굴 그림을 보며 기뻤고, 시도 때도 없이 호출해서 매출로 닦달하는 박 상무 때문에 내내 긴장하기도 했다. 자녀교육을 위해 가족들을 해외로 보내고 혼자 지내는 동료의 반복되는 하소연을 들어줄 때는 지치기도 했다. 주말에 부모님께 평소 좋아하시던 곰탕을 사드릴 때는 마음이 뿌듯했다.

그런데 이 모든 감정을 느껴놓고도 김 팀장은 자신의 감정을 기억하지 못했다. 안타깝고 슬픈 일이다. 살아가며 많은 감정을 경험하면서도 막상 본인은 껍데기만 남은 것처럼 느끼는 것이다.

내 감정을 내가 느낀다는 것

어떤 사람은 감정을 느끼지 않을수록 더 안전하다고 믿는다. 그리고 감정을 무시하는 자신을 대견해한다. 그러나 우리 안의 감정은 다 이유가 있어 존재한다. 인간에게 팔, 다리, 눈, 코, 입, 발, 손가락 등이 각각 있어야 하는 것처럼 말이다.

자신의 감정을 아는 것과 모르는 것은 천지 차이다. 인간은 자신이 처한 상황에 따라 다양한 감정을 느낀다. 자신의 내면에 떠오르는 감정을 스스로 인지하고 나면, 그 감정을 다루기도 쉬워진다.

사람들은 수많은 감정들 중에서도 화, 불안, 짜증, 후회와 같은 부정적이고 어두운 감정 때문에 힘들어한다. 이런 감정이 생기면, 자꾸 부정하며 인정하지 않으려고 발버둥친다. 얼굴이 벌겋게 달아오르고 온몸이 부들부들 떨릴 정도로 화가 나도 본인은 화가 난 게 아니라고 우긴다.

　　감정을 느끼는 것은 매우 중요하다. 느껴야 조절할 수 있기 때문이다. 자신의 감정을 알아야 힘이 들 때 스스로를 위로해줄 수 있다. 그렇다고 별 감정이 느껴지지 않는 상황에서도 억지로 감정을 찾아내라는 것은 아니다. 사람들에게 자신의 감정을 아는 것이 중요하다고 말해주면 "맞아! 내 감정을 반드시 알아내야 해!" 하며 부담감에 시달리기도 한다. 누군가 자신의 의견을 물어보면 싫고 좋음을 분명히 밝히려고 무진 애를 쓴다. 그래서 때로는 과잉으로 행동하기도 한다. 그런데 실제로는 아무 감정이 들지 않을 때도 있다. 이럴 때는 그 상태를 그대로 인정하면 그뿐이다. 지금 내가 기분이 좋은지 아니면 나쁜지 매 순간 예민하게 분석할 필요는 없다. 마치 누군가 "무슨 영화 볼래?"라고 물어보면 "아무 영화나 좋아"라고 할 때와 비슷하다. 정말 아무 영화나 봐도 상관없을 때가 있다. "내가 뭘 좋아하더라. 내 감정을 읽어야 하는데" 하고 조바심내지 않아도 된다. 다만, 내 안의 감정들은 소중히 생각해야 한다.

어떤 감정이 느껴지면 그것을 그대로 받아들이고 느끼자. 있는 것을 없다고 하고, 없는 것을 있다고 하지만 않으면 된다.

감정을 억누르거나 무시하지 않고 소중하게 생각하면, 어느 순간 '아, 내가 이런 감정을 느끼고 있구나' 하는 느낌이 온다. 그러면 이를 자연스럽게 받아들이면 된다. 빨간색, 파란색, 노란색만을 가지고 그린 그림보다는 다채로운 색깔로 그린 그림이 더 풍성하다. 우리의 삶도 마찬가지다. 다양한 감정을 느끼면, 마치 다양한 색깔로 그림을 그린 것처럼 충만해진다.

우리가 가진 가장 큰 편견은 현명한 사람은 감정 변화가 없다고 생각하는 것이다. 말도 안 되는 착각이다. 역사 속의 현인들은 아무런 감정도 느끼지 못하는 냉철한 로봇이 아니었다. 진정 현명한 사람은 다양한 감정들을 솔직히 인정하고 조절할 줄 아는 사람들이었다는 점을 기억하자.

감정 솔루션

내 감정에 귀 기울여야 하는 이유

✱ 지금 내 감정이 어떠한지 느낄 수 있어야 감정 조절도 가능하다. 감정을 억누르거나 무시하지 말고 잘 살펴보자.

✱ 단, 감정을 반드시 느껴야 한다는 강박관념은 갖지 말자. 어떤 감정이 오면 그대로 받아들이면 된다. 싫으면서 좋다고 하지만 않으면 된다.

내 감정을 어떤 말로 표현할 수 있을까?

제한시간 1분! 지난 일주일 동안 느꼈던 감정을 종이에 모두 써보자.

당신은 몇 개의 감정들을 써넣었는가? 만약 일곱 개 이상 쓰지 못했다면, 당신 역시 앞의 사례에서 본 김 팀장처럼 자신의 감정을 제대로 읽지 못하는 경우에 해당한다. 당신이 감정을 못 느꼈기 때문에 감정에 대해 쓰지 못하는 것은 아니다. 다양한 감정을 느꼈지만 스스로 인식하지 못하는 것뿐이다.

우리 안에는 다양한 감정이 있다. 예를 들어, 기분이 좋은 것을 오직 '행복하다'라는 말로만 표현할 수 있는 것은 아니다. '행복'과는 다른 종류의 기분 좋은 감정이 무수히 많기 때문이다. 감정은 느껴지는 강도와 종류에 따라 각각 고유한 이름을 가지고 있다. 감정을 나타내는 아래의 단어들을 한번 살펴보자. 감정에 대한 어휘력을 높이면 내 안의 감정을 더 쉽게 인식하고 구체적으로 표현할 수 있다.

◦ 긍정적 감정 ◦

행복함, 뿌듯함, 따뜻함, 푸근함, 편안함, 황홀함, 기쁨, 평안함, 만족스러움, 흐뭇함, 반가움, 가슴 벅참, 짜릿함, 자랑스러움, 포근함, 사랑, 친밀함, 호감, 귀여움, 설렘, 다행스러움, 상쾌함, 후련함, 벅참 등.

짜증, 화, 스트레스, 두려움, 우울, 참담함, 낙심, 창피함, 슬픔, 괴로움, 걱정, 시기, 긴장, 억울함, 외로움, 원망, 후회, 허무함, 안타까움, 서러움, 경멸, 질투, 혐오, 증오, 불안, 무력감, 배신감, 미움, 야비함, 무시, 얄미움 등

감정,
알아야 관리할 수 있다

최 책임은 요즘 들어 신입 팀원들 때문에 스트레스를 받고 있다. 업무량은 많은데 입사한 지 얼마 안 된 팀원들을 일에 완전히 투입할 수 없기 때문이다. 게다가 최 책임 바로 밑에 있는 정 선임은 프로젝트에 집중하지 못하고 최근 몇 차례 실수까지 한 적이 있다. 이 와중에 바로 내일로 다가온 사장님 보고 준비로 신경은 날카로워져 있다.

드디어 보고 당일, 회의실 맨 뒷좌석에 앉아 있던 최 책임은 정 선임의 발표를 듣다가 가슴이 쿵하고 내려앉았다. 정 선임이 발표에 사용하고 있는 슬라이드에 반영됐어야 할 내용이 전혀 담겨 있지 않았던 것이다.

발표가 끝나고 사람들이 아직 회의실을 빠져나가기도 전에 최 책임은 컴퓨터 앞에서 자료를 챙기고 있는 정 선임에게 성큼성큼 다가갔다. 최 책임의 얼굴은 벌겋게 달아올랐고, 온몸이 잘게 떨리고 있었다.

"정 선임, 지금 제정신이야? 어제 수정하라고 했잖아! 도대체 정신을 어디다 두고 다녀?"

정 선임은 얼굴이 빨개진 채 고개를 숙였다. 흥분해서 소리 치는 최 책임을 보고 당황한 사람들이 서둘러 회의실을 빠져나갔다.

다음 날, 어제 회의실에 함께 있었던 동료가 점심을 먹다가 최 책임에게 물었다.

"최 책임, 열 좀 가라앉혔어? 어제 화가 많이 난 것 같던데."

최 책임이 고개를 갸우뚱하며 물었다.

"그게 무슨 소리야? 내가 언제 화냈다는 거야?"

"어제 회의실에서 말이야. 당신이 화를 내니 정 선임이 거의 숨을 못 쉬는 것 같더라고."

그러자 최 책임이 정색을 하며 말했다.

"거, 사람 참 이상하게 만드네. 어제 발표한 내용에 대해 몇 가지 피드백을 줬을 뿐이야. 난 화를 낸 적이 없다고!"

최 책임은 자신이 여러 사람 앞에서 화를 냈다는 사실이 부끄러워 딴청을 피우는 걸까? 아니다. 그는 자신이 화를 냈다는 사실을 인지하지 못한 것이다. 우리 주변에는 이런 사람들이 의외로 많다. 그들에게 왜 화를 냈냐고 물으면 보통 이렇게 대답한다. "내가 언제 화를 내? 왜 나를 이상한 사람으로 만들어?"

재밌는 사실은 그들이 이 말을 하면서도 숨을 가쁘게 몰아쉬며 목청을 높인다는 것이다. 그러면서도 화내는 게 아니라고 끝까지 우긴다. 그들은 오히려 다른 사람을 탓할 때도 많다. "네가 먼저 화냈잖아. 그래놓고 왜 날 몰아붙여?" 이렇게 상대방에게 뒤집어씌우기도 한다. 적반하장이다. 이런 사람을 옆에 둔 사람들은 자주 울화통이 터진다.

감정을 모르면 통제 불능이 된다

감정을 조절하지 못하는 가장 근본적인 원인은 자신의 감정을 본인이 알지 못하기 때문이다. 본인이 화가 났는지, 지쳐 있는지, 우울한 것인지 구분이 안 되면 조절도 불가능하다. 자신이 화가 났다는 것을 알아야 그 화를 가라앉히기 위해 열까지 숫자를 세며 노력할 수 있다. 내가 지쳐 있다는 것을 알아야 몸에 좋은 보양식을 먹고 푹 쉴 수 있고, 자신이 우울하다는 것을 알아야 우울함에서 벗어나기 위해 좋아하는 친구에게 전화를 걸어 즐거운 약속을 만들 수 있다. 그런데 내 감정이 하나로 뭉뚱그려져서 서로 뒤섞여 있다면, 감정을 어떻게 읽어야 할지 가닥을 잡을 수 없다. 감정을 해결할 방법을 찾지 못하니 계속 쌓이고 엉켜만 간다.

우리는 왜 내 것인 게 분명한 감정들을 잘 모를까? 이유는 의외로 간단하다. 어릴 적부터 자기 감정에 관심을 갖고 표현하는 것 자체를 별로 해본 적이 없기 때문이다. 감정을 섬세하게 느끼면 지나치게 민감한 사람으로 치부해 버리던 시절이 있었다. "좀 무던해져라! 왜 이렇게 예민해?" 하며 오히려 타박을 했다. 자신이 느끼는 감정을 잘 읽어내는 능력은 감수성과는 다르다. 감수성은 외부의 자극에 민감하게 반응하는 것이다. 반면 자신의 감정을 인지하는 능력은 자기성찰과 더 관련이 깊다.

이처럼 감정을 느끼는 일에 제재를 받고, 감정을 느끼더라도 솔직하게 표현할 수 없으니 점점 더 자신의 감정에 무뎌진다. 그렇게 우리는 자신의 감정에 무심해진 것이다. 감정은 사람을 살릴 수도, 죽일 수도 있다. 내 감정을 제대로 알아야 나를 보호할 수 있다.

당신의 마음속을 들여다보자. 지금 당신은 어떤 감정을 느끼고 있을까? 그것이 긍정적인 감정일까, 아니면 부정적인 감정일까? 따뜻한 느낌의 감정인가? 아니면 가슴을 에는 듯한 차가운 느낌의 감정인가? 당신의 마음속에 억울함, 울분, 서운함, 화, 질투 등이 들어 있다고 해도 괜찮다. 당신이 느끼는 감정 때문에 죄책감을 느낄 이유는 없다. 어떤 종류의 감정이든 다 자연스러운 것이기 때문이다. 감정을 있는 그대로 받아들이는 것이 우선이다. 물론 감정을 다스리는 것 또한 우리가 감당해야 할 부분이지만, 그 전에 감정을 느끼는 일부터 자연스러워져야 한다. 감정은 우리의 소중한 일부다.

감정 솔루션

감정을 느끼는 일

* 감정을 현명하게 조절하려면, 우선 내 감정을 인지해야 한다.
* 감정을 제대로 느끼지 못하면 감정에 압도당한다. 결과적으로 삶의 만족도가 더 낮아진다.

감정 체크판으로 내 감정을 읽는 법

아래의 감정 체크판Mood Meter을 활용하면 내 감정을 보다 잘 읽을 수 있다. 감정 체크판은 예일대학교 데이비드 카루소David R. Caruso 박사가 개발한 자기 감정 진단 방법이다. 자신의 신체 에너지와 기분을 토대로 현재 느끼는 감정을 읽는 데 도움을 준다

○ 감정 체크판 ○

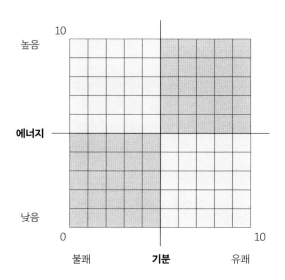

◦ 감정 체크판 사용 방법 ◦

❶ 세로축은 현재 내가 느끼는 에너지다. 0에 가까울수록 힘이 없는 상태이고, 10에 가까울수록 힘이 넘치는 상태다.

❷ 가로축은 현재 내가 느끼는 기분이다. 0에 가까울수록 불쾌한 상태이고, 10에 가까울수록 유쾌한 상태다.

❸ 현재 본인의 에너지와 기분을 각각 체크하고, 두 개의 점수가 만나는 곳에 별표로 표시한다. 개인이 사용할 때는 오전, 오후로 나누어 기록하면 하루 동안 감정의 흐름을 확인할 수 있다. 나아가 팀에서 감정 체크판을 함께 활용한다면, 팀원들끼리 감정을 효과적으로 공유하고 서로를 배려할 수 있다.

◦ 감정 체크판 해석 방법 ◦

감정 체크판에 나타난 네 개의 영역은 감정을 크게 네 가지로 대분류해 놓은 것이다. 본인이 체크한 점수들이 특정 면에 속한다면, 다음과 같은 종류의 감정을 느끼고 있을 확률이 높다.

- 오른쪽 아래: 만족스러움
- 오른쪽 위: 행복
- 왼쪽 위: 분노
- 왼쪽 아래: 우울

지나치게 긍정적인 당신은
괜찮지 않다

얼마 전, 아는 임원분께 "요즘 마음고생 많으시죠?"라고 했더니, 그분이 웃으면서 내게 이렇게 답했다. "아무 문제 없어요. 이 정도 고생은 누구나 하는 거잖아요? 전 괜찮아요."

그런데 이상하게도 나는 이 말을 하는 그분이 안쓰러웠다. 마치 아파도 "아야!" 하고 소리 지르지 못하고, 슬퍼도 눈물 흘리지 못하는 병에 걸린 것처럼 느껴졌다. 이 세상에 문제없는 사람이 어디 있을까. 나이와 성공 여부, 재산 규모 등과 무관하게 누구나 자신만의 고충과 짐을 짊어지고 살아간다.

대학은 졸업했는데 취업은 안 되고, 괜히 나이만 늘어간다. 이제 가정을 꾸리고 싶은데 특별히 사귀는 사람은 없고, 부모님은 매일 결혼하라고 잔소리를 한다. 회사 매출은 떨어지고 올해 내 인사고과 결과는 C로 나올 게 뻔하다. 인생에는 어렵고 힘든 순간이 참 많다.

사람은 누구나 자신의 짐이 세상에서 가장 무겁다고 느낀다. 똑같이 승진에서 탈락해도 김 대리보다 내 상황이 더 안쓰럽고 힘든 법이고, 현재의 고통이 과거 어느 때보다 강렬하고 견디기 힘든 것처럼 느껴진다.

주위를 보면 몇 년 동안 감기 한 번 안 걸리는 늘 무쇠처럼 건강한 사람이 있다. 이런 사람을 두고 옛 어른들은 한마디씩 하셨다. "저런 사람이 한 번 아프면 일어나지 못하지." 이유인 즉, 평소에 골골하는 사람은 아플 때마다 병원에 가고 컨디션도 봐가며 쉬엄쉬엄 일한단다. 그런데 평소 아픈 적이 없는 사람들은 좀 피곤해도 "난 건강하니까"라며 자신의 건강을 철석같이 믿기 때문에 피곤이 차곡차곡 쌓여 병을 키우게 되고, 결국 돌이킬 수 없게 된다는 것이다.

이는 비단 몸에만 해당하는 이야기가 아니다. 감정도 똑같다. 부정적인 감정이 느껴질 때, 그걸 일방적으로 무시하고 억누르면 감정이 쌓여 어느 순간 관리가 어려워진다. 그래서 언제나 긍정적인 사람은 오히려 아슬아슬 위험하다.

스스로의 마음을 무시하는 사람들

모 기업의 임원인 박 상무는 20년 동안 영업 분야에서 잔뼈가 굵은 마케팅·영업 분야 전문가다. 목소리도 시원시원하고 성격도 외향적이고, 회사 내에서도 인정을 받고 있다. 성과가 저조한 팀원이나 고객으로부터 불만 사항이 나온 팀원에게는 그 자리에서 불호령을 내리는 불같은 성격의 소유자기도 하다. 한 번 목표를 정하면 무슨 일이 있어도 해내고야 마는 불도저 같은 면도 있다. 그녀가 속한 조직이 여러 차례 재정적으로 위험한 상황을 마주하기도 했지만, 박 상무는 그때마다 항상 긍정적인 비전을 제시하며 조직을 이끌고 나갔다.

그런데 사실 박 상무는 다른 사람들이 바라보는 그녀의 성격과는 다른 면을 갖고 있다. 겉으로 보이는 모습과 달리, 의외로 우울한 감정을 자주 느끼고 있었던 것이다. 하지만 그런 부분을 속으로 꽁꽁 감추고, 어느 누구에게도 보이지 않았다.

20년 전만 해도 이 회사의 영업 분야에서 여성을 찾아보기가 어려웠다. 회사에서 살아남기 위해 박 상무는 선배들이 하는 것처럼 사무실에서 고함을 치기도 하고 성질이 나면 전화통이 부서져라 수화기를 내려놓기도 했다. 그리고 도저히 불가능하다고 느껴지는 상황에서도 항상 '할 수 있다'를 본능적으로 외쳐왔다.

그런 상황이 오랜 기간 반복되다 보니, 박 상무는 부정적인 감정이 드는 것을 용인하기 어려운 사람이 되어버렸다. 마음속에 "이게 과연 가능한 일일까?"라는 회의가 들 때, 새로 짠 영업 전략이 제대로 실행되지 않아 걱정될 때, 심지어 자녀가 사춘기를 맞아 반항기를 거치게 되어 부모로서 우울할 때조차도 그런 감정을 부인하기 시작했다. 부정적인 감정으로 인해 자신이 나약하다는 느낌이 드는 게 못 견디게 싫었다. '내가 왜 이렇게 못났나, 나이가 들면서 점점 자신이 없어지는 걸까?' 하는 불안감도 들었다.

나와의 코칭 세션이 시작된 이후에도 박 상무가 자신의 감정을 있는 그대로 느끼기까지 다소 시간이 걸렸다. 하지만 결국 스스로의 감정을 솔직히 인정할 수 있게 되었다. 특정 감정에 죄책감을 가질 필요가 없다는 것을 깨닫고 나서 변화가 일어났다.

주변을 살펴보면 우울하거나 화가 나는 일이 있을 때 재빨리 그 상태에서 벗어나고 싶어 하는 사람들이 있다. 자신이 왜 그런 감정을 느끼는지 원인을 돌이켜볼 생각은 하지 않는다. 부정적인 감정을 느끼면 마치 자신이 패배자가 된 것처럼 스스로를 취급한다. 그래서 수단과 방법을 가리지 않고 긍정적인 감정 상태가 되려고 몸부림친다.

그런데 이런 상태가 지속되면 금방 지친다. 세상에 음과 양이 있듯이 우리도 긍정적인 감정과 부정적인 감정을 골고루 느낄 수 있어야 건강한 것이다. 만약 당신이 부정적인 감정들을 느끼면서 살고 있다면, 이에 감사하자. 당신이 정상적인 상태라는 뜻이다.

스탠퍼드대학교의 제임스 그로스 James Gross 와 텍사스대학교의 제인 리처드 Jane Richard 교수의 실험은 이런 사실을 명확히 알려준다. 학자들은 실험을 위해 피실험자들에게 극적인 영화를 보여주었다. 그리고 한쪽 사람들에게는 감정을 억누르라고 요청했고, 다른 쪽 사람들에게는 특별한 지시를 내리지 않았다. 영화가 끝난 후 사람들에게 영화의 내용을 묻는 기억력 테스트를 실시했다. 감정을 억누르라는 지시를 받은 사람들은 특별한 지시를 받지 않은 사람들보다 영화 내용을 제대로 기억하지 못했다. 강제로 감정을 억누르면 그와 관련된 사건을 잘 기억하지 못한다는 연구 결과가 나온 것이다.

직장에서도 마찬가지다. 회의 도중 느낀 감정을 무조건 억누르고 무시하려고만 하면, 그 감정을 숨기고 없애는 데 나의 모든 에너지가 다 들어간다. 결국 회의 중에 오고 가는 중요한 내용이나 정보들은 거의 듣지 못하게 된다.

자신을 속이지 말자. 스스로를 속인다는 게 사실 쉬운 일도 아니며, 완전히 속일 수도 없다. 겉으로는 아무리 괜찮은 척해도 당신이 얼마나 힘든지, 가슴이 얼마나 쓰라린지 이미 당신 자신은 알고 있다. 주변 사람들도 마찬가지다. 감정을 성공적으로 숨겼다고, 다른 사람들에게 들키지 않았다고 생각하고 있는가? 착각일 가능성이 높다. 감정은 숨긴다고 숨겨지는 게 아니다. 세상에서 가장 숨기기 어려운 것 중 하나가 바로 감정이다.

감정 솔루션

늘 긍정적인 감정만 느낄 수는 없다

* 항상 긍정적인 감정만 느끼는 것도, 반대로 부정적인 감정만 느끼는 것도 모두 바람직하지 않다. 긍정적인 감정과 부정적인 감정을 골고루 느낄 수 있어야 건강한 사람이다.
* 감정은 숨길 수 없다. 부정적인 감정을 억누르고 무시하려고만 하지 말자. "아, 지금 내가 지쳐있구나" 인정하고 받아들이자.

몸의 반응으로 내 감정 읽는 법

자신의 감정을 읽는 유용한 방법 중 하나는 자신의 신체 증상과 반응을 객관적으로 살피는 것이다. 이를테면 화가 나는 경우에는 대부분 가슴이 뛰고, 체온이 오르고, 온몸이 부들부들 떨리는 등의 신체적 증상을 느낀다. 또 누군가는 화가 나면 이를 갈기도 하고, 한숨을 쉬기도 하고, 제자리에 앉아 있지 못하고 복도를 정신없이 왔다 갔다 걸어 다니기도 한다. 물론 이러한 신체적 반응에는 공통된 점도 있고 개인마다 조금씩 다르게 나타나는 특징도 있다.

특정한 감정을 느낄 때 자신이 어떤 행동을 하는지 곰곰이 생각해보자. 이후에 그런 증상이 다시 나타나면 '아, 내가 지금 화가 나 있구나' 또는 '내가 지금 우울하구나', '내가 이럴 때 불안을 느끼는구나' 등으로 자신의 감정을 알아차리게 된다.

◦ 이럴 때 나는 어떤 행동을 할까? ◦

다음 상황에 자신이 어떤 행동을 하는지 종이에 한번 적어보자. 자신의 감정을 구체적으로 파악하는 데 도움이 될 것이다.

- 화가 날 때, 나타나는 행동들
- 우울할 때, 나타나는 행동들

- 기분 좋을 때, 나타나는 행동들
- 두려울 때, 나타나는 행동들

긍정적인 감정도,
부정적인 감정도 내 것

사람들은 행복, 기쁨, 만족과 같은 긍정적인 감정만 느끼며 살기를 원한다. 어째서 화, 분노, 좌절과 같은 감정이 있어서 나를 이토록 괴롭히나 싶어 원망스럽다. 할 수만 있다면 마음속에서 부정적인 감정들은 모조리 캐내어 버리고 싶다.

　실은 감정에 대해 공부해온 나조차도 이런 생각을 할 때가 많다. "그 문제가 이젠 그만 생각났으면 좋겠다!" 낮에 있었던 속상한 일들이 꼬리에 꼬리를 물고 잠자리까지 따라올 때면 머릿속에서 기분 나쁜 기억, 부정적인 감정들만 쏙 빼내고 싶을 때가 한두 번이 아니다.

아이들 동화책 중에 재밌게 읽은 책이 하나 있다. 제목은《입이 똥꼬에게》다.

어느 날 입이 뽐내듯 자기소개를 한다. 자신은 아빠 엄마가 가장 좋아하는 뽀뽀도 하고, 노래도 부를 수 있다고 말이다. 그 말을 들은 코가 자신은 몸에 신선한 공기를 불어넣어 줄 수 있다고 생색을 낸다. 그다음에는 눈과 귀, 손, 발 등이 차례차례 자기 자랑을 늘어놓는다.

그때 어디선가 불쾌한 냄새와 함께 기분 나쁜 소리가 들린다. 똥꼬가 볼일을 보는 중이었던 것이다. 입은 그런 똥꼬가 마음에 들지 않아서 입을 삐죽거린다. 입은 몸에서 똥꼬가 없어졌으면 하고 바란다.

날이 어두워지고 밤이 찾아오자 어디선가 맛있는 냄새가 풍겨 온다. 그 냄새를 맡고 잠들어 있던 모두가 일어난다. 손과 발은 음식이 놓인 곳을 찾아다니느라 분주해진다. 입은 손이 주는 대로 쉴 새 없이 먹어댄다. 입에서 위장으로, 그리고 작은창자와 큰창자로 넘어가던 음식들은 갑자기 움직임을 멈춘다. 똥꼬가 정말로 사라진 것이다. 갈 곳을 잃은 음식들은 아우성을 치며 다시 큰창자, 작은창자, 위장, 입으로 올라왔고, 참을 수 없어진 입은 처참한 모습으로 비명을 질렀다.

　정신을 차려보니, 입은 축 늘어진 채 베개에 침을 흘리고 있었다. 모두 꿈이었다. 그제야 입은 똥꼬에게 이렇게 말했다.

　"미안해. 네가 얼마나 중요한지 잊고 있었어."

　어느 날 갑자기 인간의 부정적인 감정을 제거하는 약이 출시되었다고 가정해보자. 딱 한 알만 삼키면 부정적인 감정이 단번에 사라지는 약이다. 당신은 그 약을 먹고 싶은가? 내 안에 부정적인 감정들이 사라지면 어떤 일들이 벌어질까? 당신이 그 약을 삼키면 우선, 다음과 같은 좋은 일들이 벌어진다.

- 사장님 앞에서 보고할 때, 결코 두렵거나 위축되지 않는다.
- 이웃사촌이 땅을 사도 배가 아프지 않다.
- 잠들기 전 침대에 누워 "아까 좀 참을걸" 하고 후회하지 않는다.
- 상사에게 혼나도 전혀 기분이 나쁘지 않다.

　그런데 부정적인 감정들이 사라졌을 때의 부작용도 있다.

- 슬픈 영화를 봐도 도무지 슬프지가 않다.
- 내가 있는 건물이 무너지고 있다는 안내 방송을 들었지만 무섭지 않다. 작업하고 있던 보고서를 계속 작성한다.
- 밤늦게까지 아이가 학교에서 돌아오지 않아도 전혀 불안하지 않다.
- 승진에서 부당하게 탈락했지만 화가 나지 않는다.
- 직장 동료가 내 험담을 하고 다니지만 불쾌하지 않다. 내버려둔다.

당신이라면 각각의 장점과 부작용이 있는 감정 제거약을 먹겠는가? 앞의 부작용들을 살펴보면, 의외로 부정적인 감정이 우리에게 도움을 줄 때가 많다는 걸 깨닫게 된다. 슬픈 영화를 보면서 사람들은 실컷 눈물을 흘리고 카타르시스를 느낀다. 건물이 무너진다는 소리에 두려움을 느끼고 재빨리 건물을 탈출한다. 아이가 아무 연락도 없이 집에 들어 오지 않으면 빨리 조치를 취해 아이를 찾는다. 이 모든 일은 부정적인 감정을 느끼기 때문에 행동으로 옮길 수 있는 것들이다. 부정적인 감정이 우리에게 '위험 신호'를 보내 적절한 조치를 취하도록 하는 것이다.

앞서 본 동화책의 결론은 더럽고 쓸데없어 보이던 똥꼬가 사라지면 사는 데 문제가 생긴다는 것을 깨닫고, 그 존재의 의미를 생각하게 되는 것이다. 부정적인 감정도 마찬가지다. 이들이 없으면 우리의 삶에 크고 작은 문제들이 발생한다.

두려움도, 화도, 우울도 제 역할이 있다

그렇다면 두려움이라는 감정도 우리에게 필요할까? 만약 두려움이라는 감정이 없다면, 우리는 인생에서 더 많은 것을 성취하며 살아갈 수 있지 않을까?

상무님 앞에서 자신의 소신을 굽히지 않고 또박또박 말하는 직장 선배를 보면 자신과 비교되어 자꾸 위축된다. "제가 직장을 그만두는 한이 있더라도, 아닌 것은 아닌 겁니다. 전 그만두겠습니다!" 본인의 신념과 회사의 정책이 맞지 않을 때, 부당한 일을 시켰을 때 멋지게 멘트를 날리는 직장 동기를 보면 부러움을 뛰어넘어 경외심까지 생긴다. 나도 저렇게 두려움을 느끼지 않았으면 좋겠다고 생각한다. 시키는 대로 움직이는 소인배로 살아가는 자신이 한없이 부끄럽게 느껴지기도 한다.

그러나 두려움은 우리에게 없어서는 안 될 중요한 감정이다. 조금 전부터 우리는 바다에서 뱃놀이를 하고 있었다. 그런데 배에

구멍이 나서 조금씩 가라앉고 있다. 배가 잠겨서 목숨이 위태할 수 있다는 생각을 하면 당연히 두려움이 생긴다. 그래서 주변에 도움을 요청할 만한 사람이 있는지를 둘러보고, 휴대폰으로 구조대에 연락도 취해본다. 만약 이 상황에서 두려움을 느끼지 못한다면 배가 가라앉든 말든 느긋하게 행동할 것이다. 구멍으로 점점 더 많은 물이 들어오는데도 바다낚시로 잡은 물고기가 몇 마리인지를 세어보며 앉아 있을지도 모른다. 그리고 결국 목숨이 위태로워진다.

상사 앞에서 똑 부러지게 멘트를 날리는 직장 동기를 무작정 부러워할 필요는 없다. 만에 하나 "회사와 당신의 뜻이 그렇게까지 맞지 않는다면 할 수 없죠. 본인 의사대로 회사를 그만두는 걸로 알고 있을게요"라는 말이 상사의 입에서 바로 나오면 어떻게 할 것인가? 잠깐 동안 폼은 나겠지만, 가족들에게는 당장 뭐라고 말할 생각인가? 나갈 때 나가더라도, 이직도 회사에 소속되어 있는 채 준비하는 게 유리하다. 퇴직부터 해버리면 하루빨리 직장을 구해야 한다는 조바심 때문에 오히려 이전보다 못한 회사에 입사할 수 있다. 이처럼 두려움은 우리로 하여금 발생할지도 모를 위험한 상황에 효과적으로 대처하도록 도와준다. 자신의 주변을 돌아보고 위험을 감지하며 조심스럽게 행동하게 하는 것이다.

화는 어떨까? 화라는 감정은 사람을 참 곤란하게 만들 때가 많다. 상대방의 화 때문에 곤란해지기도 하지만, 무분별하게 화를 내는 자기 자신 때문에 난처해지기도 한다. 여러 감정들 중에서도 다루기가 가장 만만치 않은 게 바로 화다. 물론 화라는 감정이 효과적으로 쓰일 때도 있지만 말이다.

김 프로는 9년 차 직장인이다. 워낙 업무량이 많다 보니, 김 프로는 회사 다니는 것이 힘겹다. 그나마 마음을 터놓고 지내는 박 프로가 있어서 위로가 된다. 요즘 회사 직원들은 신규 프로젝트 개발 건으로 들떠 있다. 좋은 아이디어를 기획하고 승인을 얻어내면, 본인이 프로젝트 리더가 돼서 소신껏 진행할 수 있는 좋은 기회다. 엔지니어 출신이 대다수인 회사 특성상 부서원 대부분의 관심이 신규 프로젝트에 쏠려 있다.

박 프로와 점심을 같이 먹으면서, 김 프로는 생각해두었던 참신한 아이디어를 박 프로에게 공유했다. 아이디어를 회사에 공식적으로 제출하기 전에 박 프로의 의견을 먼저 들어보고 싶었다. 김 프로가 이야기를 마치자 박 프로는 "아! 그런 접근도 가능하다는 걸 미처 생각 못했어. 괜찮은 아이디어인데?" 하며 놀라워했다.

일주일 후 신규 프로젝트 선정 최종 발표 날, 회의실에 임원과 직원들이 모였다.

"이번에 좋은 아이디어가 많이 나와서 선정하기가 매우 까다로웠습니다. 그래도 1등을 발표해야겠죠. 박 프로가 제출한 아이디어가 최종 선정되었습니다. 다 같이 축하해줍시다."

김 프로는 한편으로는 아쉽기도 했지만, 진심으로 축하의 박수를 보내주었다. 그런데 1등을 한 아이디어를 듣고 김 프로는 숨이 턱 막혔다. 박 프로가 제출한 아이디어는 김 프로가 말해준 바로 그것이었다. 박 프로가 김 프로의 아이디어를 더 보강해서 동일한 주제를 제출한 것이 분명했다. 놀란 김 프로가 박 프로 쪽을 바라보자 박 프로는 고개를 돌리며 눈을 피했다.

김 프로는 가장 믿었던 박 프로에게 자신의 아이디어를 도둑맞았다는 생각에 몸이 떨려왔다. 김 프로는 잠시 숨을 고른 후 자리에서 천천히 일어났다.

"박 프로님의 아이디어가 선정되어 기쁘게 생각합니다. 사실 박 프로님과 저는 이 아이디어를 처음부터 함께 준비해왔습니다. 둘 다 이 주제에 관심이 있었거든요. 맞죠, 박 프로님?"

그러자 박 프로의 얼굴이 벌게졌다. "아, 그러니까, 예……."

박 프로는 말을 더듬었다. 김 프로는 발언을 이어갔다.

"이 아이디어를 실제로 실행할 때 해결해야 할 몇 가지 장애물들이 있습니다. 수락해주시면 저도 신규개발팀에 합류하여 일을 추진했으면 합니다."

　사람이 살다 보면 화를 내야 할 순간이 있다. 누가 봐도 불공평한 일을 당하거나 부당한 일을 겪을 때가 바로 그런 경우다. 위의 사례에서 김 프로는 믿었던 동료에게 배신을 당한 힘든 상황에서도 자신의 화를 현명하게 활용했다. 그는 벌어진 상황에 지레 낙담하지 않았고, 욱해서 박 프로의 멱살을 잡거나 회의실 문을 박차고 나가지도 않았다. 화라는 감정이 가진 공격적인 에너지를 이용하여 단호하면서도 용기 있게 행동했다. 이런 상황에서 무조건 잠자코 있어서는 안 된다고 판단한 것이다. 그리고 자신에게 유리한 방향으로 상황을 이끌었다. 이처럼 화는 잘 다루기만 하면 억울하거나 부당한 일에서 자신을 보호해줄 수 있다.

　그렇다면 우울한 감정은 어떨까? 요즘 사람들이 가장 자주 느끼는 대표적 감정이 '우울감'이 되었다. 코로나19로 원치 않게 사람들로부터, 사회로부터 격리되어야 했던 사람들은 최근 몇 년간 그다지 즐거운 순간들을 경험하지 못했다.

　특히, 여성은 우울함을 상대적으로 더 깊게 느낀다. 여성은 남성에 비해 세로토닌이라는 호르몬이 상대적으로 적게 분비된다. 세로토닌은 기분이 좋거나 행복할 때 뇌에서 분비되는 호르몬으로, 불안감을 해소시키고 편안함을 느끼게 하는 신경전달물질이다. 그래서 세로토닌이 적은 여성이 남성보다 우울증에 더 많이 시달린다.

또한, 감정 때문에 비만이 되는 사람도 많다. 많은 이들이 기분이 우울할 때 술을 마신다. 울적한 기분을 잊기 위해 술에 취하는 것이다. 하지만 힘들 때마다 술을 찾으면 건강 관리에 실패하게 된다.

이처럼 우울한 감정은 사람을 힘들게 한다. 온몸의 힘을 빼앗아가고 세상을 잿빛으로 바꾸어놓는다. 그런데 이 골치 아픈 우울한 감정이 좋은 성과를 내도록 우리를 도울 때가 있다. 일반적으로 비가 추적하게 내리는 날에는 글이 잘 써지고 공부가 잘 된다. 하늘에 구름이 드리워진 흐린 날은 감정이 차분하게 가라앉는다. 비오는 날 느끼는 우울한 감정 또한 사람을 차분하게 만든다. 그런때에는 어떤 일을 하든 몰입도가 높아지기 때문에 실수가 적다. 한편 화창한 날에는 자리에 앉아 무언가를 끈질기게 하기가 어렵다.

두려움, 화, 분노, 우울함 등의 부정적인 감정은 우리에게 있어도 되고, 없어도 되는 감정들이 아니다. 필요할 때마다 우리에게 도움을 주는 요긴한 감정들이다. 이 세상에 나쁜 감정은 없다. 우리 안에서 자연스럽게 발생한 감정들을 잘 조절하고 현명하게 활용하는 게 중요하다.

두려움, 화, 우울감은 나를 돕는 꼭 필요한 감정이다

* 두려움은 위험한 상황에 처하지 않도록 미리 대처할 수 있게 해주는 감정
  이다.

* 화는 억울하거나 부당한 일을 당했을 때 스스로를 대변하고 보호하는 감
  정이다.

* 우울감은 사람의 마음을 차분하게 만들고, 깊은 생각을 할 수 있게 몰입
  도를 높여주는 감정이다.

감정 관리도
훈련이 필요하다

돈과 명예를 다 가져도 자기 마음을 제대로 못 다스리면 순식간에 모든 것을 잃는다. 감정을 다스리지 못해 잃을 수 있는 게 뭐가 있을까 하는 의문이 들 수도 있지만, 의외로 많다. 게다가 하나같이 없어서는 안 될 매우 중요한 것들이다.

많은 사람이 화를 참으면 병이 된다고 믿는다. 그래서 화나는 일이 있으면 목청부터 높인다. 때로는 화를 견디지 못해 근처에 있는 물건을 던지기도 한다. 소파 옆에 있는 리모컨을 집어던지기도 하고, 밥을 먹다가 숟가락을 내팽개치기도 한다. 화를 크게 내고 나면 속이 후련해진다고 믿는 것이다. 과연 이 생각은 맞는 걸까, 틀린 걸까? 예전에 사람들은 이 생각이 무조건 옳다고 여겼다. 그래서 화가 나거나 속상하면 담아두지 말고 밖으로 풀어내라고 권했다. 그러나 최근에는 화의 속성을 달리 본다. 무분별하게 화를 내고 나면 속이 후련해지기는커녕, 오히려 관리가 안 된 화가 더 커질 수 있다는 것이다. 화가 더 큰 화를 부르는 격이다.

감정 관리를 못하면 잃는 것들

내 마음을 잘 다스리지 못하면 첫 번째로 잃는 것이 건강이다. 사실 건강을 잃으면 모든 게 끝이다. 하버드대학교를 1등으로 졸업하고, 한 달 월급이 10억인 회사에 입사했다고 해도 건강을 잃으면 다 잃는 것이다.

건강과 감정의 관계에 대한 연구 결과가 있다. 국제신경학회지에 실린 실비아 코튼Sylvia Cotton 박사 팀의 연구다. 코튼 박사가 병원에서 입원 치료를 받고 있는 뇌졸중 환자를 대상으로 조사한 결과, 환자들의 상당수가 뇌졸중 발생 두 시간 전에 크게 화를 냈다는 점을 발견했다.

화는 마치 뇌에 독약을 붓는 것과 같다. 그토록 치명적이다. 뇌 이외에도 결정적으로 나빠지는 장기가 하나 더 있다. 바로 심장이다. 화를 내면 심장이 크게 놀란다. 화가 나면 심장부터 두근거리는 게 바로 그 때문이다. 미국 존스홉킨스대학교 연구팀이 성인 1,000명을 대상으로 조사한 결과, 자주 화를 내면 그러지 않은 사람보다 심장마비에 걸릴 확률이 다섯 배가 높았다.

누군가는 "난 원래 화를 잘 내는 성격이라고요. 참으려고 해도 안 되는 걸 어떻게 하나요?" 하며 항의하기도 한다. 그러나 변명치고는 너무 무책임하다. 무분별하게 쏟아내는 화는 자신의 건강은 물론, 주위 사람들의 건강까지 갉아먹기 때문이다. 곁에 있는 사람들 역시 한시도 마음 편할 날 없이 조마조마하다.

마음을 관리하지 못해서 두 번째로 잃는 것은 사람이다. 자신의 감정을 현명하게 다루지 못하면 사람들이 멀어진다. "당신은 화를 너무 자주 내", "넌 분노를 조절 못하는 것 같아"라는 말을 종종 듣고 있다면, 감정 관리를 못하고 있다는 증거다. 평소 온순한 모습을 보였더라도, 순간적인 화를 참지 못하고 분출하고 나면, 주변에 사람이 모이지 않는다. 언제 화를 낼지 몰라 조마조마해 한다. 웬만하면 회식 자리에서도 이런 사람 옆에는 앉지 않는다.

신기하게도 평소에 조용했던 사람이 술만 먹으면 갑자기 돌변하는 경우가 꽤 많다. 평소 이래도 허허 저래도 허허해서 "팀장님은 온순한 분이네"라고 생각했는데, 술자리에서 완전히 다른 모습을 보고 기겁하는 팀원들도 많다. 이런 경우는 대개 본인이 주변 사람들을 의식하면서 감정을 억눌러왔을 확률이 높다. 그러다 보니 지적하고 싶었던 말, 서운했던 말 등을 가슴속에 쌓아두고 있다가 술의 힘을 빌려 순간적으로 터트리는 것이다.

감정의 물병 법칙이 있다. 물병 안에 감정의 물이 조금씩 흘러 들어가다가 마침내 물병의 가느다란 목 부분까지 물이 가득 담긴다. 이때 물 한 방울이 물병에 똑하고 떨어지는 순간, 그 속에 들어 있던 물이 순식간에 밖으로 흐르기 시작한다. 딱 한 방울의 물이 떨어졌을 뿐인데 말이다. 평소 감정을 억지로 꾹꾹 눌러왔던 사람들은 물 한 방울과 같은 사소한 일에도 감정을 폭발시키고는 길길이 뛴다. 참고 참았던 감정이 한계를 이기지 못하고 넘쳐흐르는 것이다. 주위 사람들은 영문을 모른 채 당황하고 만다.

삶이 쉬운 사람은 없다. 그렇다고 해서 그동안 억울했던 일들을 끄집어내 울분을 토하고, 했던 이야기를 반복하는 사람 옆에서 누가 술을 마시고 싶을까. 감정 조절을 못하는 사람은 그렇게 주변 사람들을 잃게 된다.

세 번째로 멀어지는 것은 바로 목표다. 새해가 되면 누구나 목표를 정한다. 그 목표들은 대개 철인경기를 생각나게 한다.

올해 목표는 이렇다. 새벽 6시에 일어나서 헬스장에 간다. 30분 조깅에 30분 수영을 마친 후 8시에 사무실에 도착한다. 그날 하루의 일정을 정리한 후 업무를 시작한다. 저녁 7시, 근처 샌드위치 집에서 저녁을 해결하고 직장인 영어회화반으로 직행한다. 한 달에 반드시 책은 다섯 권 이상 읽을 것이며, 주말에는 아이들에게 즐거운 추억을 만들어줄 체험학습을 떠난다. 1분 1초도 허술하게 쓰지 않겠다고 다짐한다.

그러나 이 완벽에 가까운 계획표가 와르르 무너지는 때가 온다. 회사에서 동료 간에 언짢은 신경전이 있었거나 상사에게 호되게 깨졌을 때다. 이렇게 열 받고 속상한데 퇴근하고 영어학원에 가야 할까? 그럴 수는 없다. 당신은 근처 호프집으로 간다. 양념치킨을 안주 삼아 시원하게 맥주 몇 잔을 들이킨다. 내일 아침 헬스장에 가기 위해서 1차만 하고 집으로 가려고 하지만 후배 녀석이 달라붙어 생전 안 쓰던 형이란 호칭까지 써가며 붙잡는다. 후배를 매몰차게 거절하지 못하고 결국 2차에서 곱창과 소주로 마무리한다. 다음 날 새벽 6시, 알람이 울린다. 쓰린 속을 움켜쥐고 일어나보려 하지만 몸이 말을 듣지 않는다.

무엇이든지 규칙을 깨는 것은 처음만 어렵다. 한 번 깨진 규칙은 더 이상 규칙이 아니다. 이제 당신은 가벼운 마음으로 헬스장을 지나쳐 바로 회사로 향한다. '다음 달에는 헬스장에 등록하지 말아야지. 차라리 주말에 산책을 하는 게 더 나을지 몰라.'

퇴근 무렵 아내가 전화를 걸어온다.

"여보, 추어탕 끓였는데. 오늘 저녁에도 영어학원 가?"

당신은 흔쾌히 "아니, 일찍 갈게. 이따 봐"라고 말한다.

'한두 달 영어학원에 다닌다고 유창해지나?! 집에 일찍 들어가서 CNN 뉴스 보면 되지 뭐.'

드디어 본격적인 합리화가 시작된다.

감정 조절을 잘하는 사람은 흔들리지 않고 목표를 향해 한 걸음씩 나아간다. 화가 나거나 우울해도 할 일을 멈추지 않고 꾸준히 해나간다. 아이들의 경우에도 자신의 감정을 조절할 줄 아는 아이가 공부를 잘한다. 게임을 하고 싶은 충동을 참고 숙제를 하기 위해 책상에 앉는 아이는 성적이 떨어질 수가 없다.

감정 관리 능력은 개인의 목표뿐만 아니라 팀의 목표에도 영향을 미친다. 상사가 시도 때도 없이 화를 내면 회사 분위기가 찬물을 끼얹은 듯 냉랭해진다. 이런 사람이 팀장으로 있는 팀은 항상 살얼음판이다. 팀장이 사무실에서 전화로 배우자와 싸우기만 해도 대번에 분위기가 싸늘해진다. 결재를 맡으려고 기다리던 팀원은 차라리 팀장이 기분 좋을 때 결재를 받는 게 낫다며 서류를 책상 서랍 속에 넣어둔다. 오늘 당장 처리해야 할 급한 사안인데도, 배우자와 대판 싸우고 난 팀장 앞에 결재서류를 내미느니, 차라리 일을 늦게 처리해 그르치는 편을 택한다.

팀원이 책임감이 없어서 그런 걸까? 아니다. 팀장이 그렇게 만든 것이다. 상사의 눈치를 보지 않는 부하직원은 이 세상에 없다. 상사가 기분 좋으면 옆에서 보기만 해도 마음이 안정되는 게 부하직원이다. 리더가 감정을 현명하게 조절하지 못하면 팀의 성과와 사기도 눈에 띄게 떨어진다.

당신을 힘들게 한다면 그가 바로 '감정 훈련 상대'

어떤 사람들은 주위 사람들이 자신을 화나게 만들기 때문에 화를 낼 수밖에 없다고 말한다. 팀원들을 밤 10시가 넘도록 붙잡고 들들 볶는 상사만 없다면 이렇게 마음고생할 일은 없을 거라고 말하기도 한다. 끊임없이 잔소리하는 아내, 성적이 바닥을 기는 사고뭉치 아들만 아니면 화낼 일이 없을 거라고 말한다. 집 안에서 손 하나 까딱하지 않는 남편 때문에 하루에도 몇 번씩 열이 치밀어 오른다고 한다. 그런데 아이러니하게도 그런 사람들이 바로 자신의 감정 훈련을 도와줄 최고의 선생님이다. 상사, 배우자 등 화를 불러일으키는 사람이 옆에 있다면 그 사람이 가장 적합한 감정 관리 연습 상대라고 보면 된다. 당신을 가장 화나게 하는 사람 앞에서 감정을 제대로 조절할 수만 있다면 당신은 이미 감정의 고수라고 봐야 한다. 반대로 그 사람 앞에서 여전히 예민하게 핏대를 세운다면, 당신은 아직 더 감정 훈련을 해야 한다. 그 사람을 넘어설 수 있을 때 비로소 감정 관리를 현명하게 한다고 자부할 수 있다.

매사 불평불만인 여자친구와 헤어지고 새로운 여자친구를 만났다. 과연 행복해질 수 있을까? 새로운 여자친구는 불평불만이 없는 대신, 약속을 잘 지키지 않는 사람일 수 있다. 술을 지나치게 좋아하는 남편과 헤어지고 술을 아예 못하는 사람을 만났다. 이제 아무 문제가 없을까? 새로 만난 남자는 술을 안 먹는 대신 커피 한 잔사 마신 가격까지 일일이 피곤하게 참견할지도 모른다. 세상에 완벽한 사람은 없다. 누구를 만나느냐보다 상대방에 대한 감정을 어떻게 조절할 것이냐가 더 중요하다. 문제 해결의 열쇠는 내 안에있다.

화는 도박과 매우 흡사하다. 사람들은 처음에 적은 돈으로 도박을 시작한다. 도박을 시작하면서도 혹시 이러다가 도박에 중독되는 게 아닌지 걱정한다. 그러나 시간이 얼마 지나고 나면 도박은 자연스럽게 습관이 된다. 횟수도 늘어나고 도박에 거는 돈도 엄청나게 많아진다. 처음과 달리 겁도 나지 않는다.

화도 똑같다. 처음에는 "내가 너무 심한 거 아닐까? 다른 사람들이 상처받지 않을까?" 하고 염려한다. 그러나 화를 내는 일은 곧 일상이자 습관이 된다. 사소한 자극만 생겨도 화를 벌컥 낸다. 화를 내는 정도 또한 점점 심해진다. 처음에는 버럭 소리만 질렀는데 그다음에는 문이 부서질 듯 때려 닫는다. 문짝이 떨어져 나갈 만큼 큰 소리가 나야 비로소 화가 풀리는 것 같은 후련함을 느낀다. 나중에는 성질에 못 이겨 식탁 위에 있던 유리병을 깨기도 하고, 주위 사람을 밀치기도 한다.

방울뱀은 극도로 화가 나면 스스로를 무는 습성이 있다. 화를 조절하지 못하는 사람은 마치 이 방울뱀과 같다. 아무 때나 폭발하는 화로 자신의 몸 전체에 독을 퍼뜨리고 주변을 불행하게 만들기 때문이다.

감정은 분명 내 것이다. 그러나 잘못하면 감정에게 내가 붙잡혀 휘둘릴 수 있다. 당신의 성공은 당신이 감정을 얼마나 잘 관리하느냐에 달려 있다. 감정을 현명하게 다스리는 것이 성공의 핵심 열쇠다. 감정을 잘 다스리는 사람이 진정한 인생 고수다.

감정 솔루션

감정을 관리하지 못하면 잃게 되는 것들

* 첫째, 자신의 감정을 다스리지 못하면 건강에 치명적인 영향을 준다. 특히 뇌와 심장에 해를 끼친다.

* 둘째, 주변 사람들과의 관계가 멀어지며, 그로 인해 정보교류의 기회도 잃게 된다.

* 셋째, 목표 달성도 어려워진다. 개인의 목표는 물론 조직과 팀의 목표 또한 멀어진다.

폭발할 것 같은 화를 가라앉히는 응급조치법

1단계 눈을 질끈 감는다.

2단계 한 손은 배 위에, 한 손은 가슴 위에 올린다.

3단계 복식 호흡을 10번 반복한다. 우선 숨을 코로 들이쉬며 배를 내민다. 그런 다음 입으로 숨을 내쉬며 배는 들이민다. 이때 가슴속 응어리를 후련하게 내뱉는다는 기분으로 숨을 내쉬도록 한다.

4단계 눈을 뜬다. 화 때문에 긴장되었던 몸 상태가 한결 이완된 것을 느낀다. 그래도 욱하는 감정이 가라앉지 않는다면, 3장의 〈30초 질문법〉으로 넘어간다.

2장

✦

감정에
휘둘리는 당신,
혹시 이런 상태인가요?

감정을
진단하다

"잘해줘 봤자 다 소용없어!"

(사람에 지친 사람)

박 팀장은 3년 차 팀장이다. 처음 팀장이 되어 현재의 팀을 이끌게 되었을 때의 그 설렘을 아직도 잊을 수가 없다. 박 팀장은 팀원 시절에 이런 생각을 자주 했다. "내가 팀장이 되면, 팀원들에게 정말 잘해줄 거야!", "사회에서 일을 하다가 만난 사이지만, 얼마든지 서로 마음을 나누며 가까워질 수 있어."

박 팀장은 본인이 상사들을 대하며 느꼈던 서운함과 힘듦을 팀원들에게 느끼게 하고 싶지 않다. 과거 박 팀장이 팀원이었을 때는 상사가 퇴근을 하지 않고 있으면, 다들 퇴근을 못 하고 눈치만 봤다. 중요한 약속이나 개인적인 행사가 있어도 차마 "전 오늘 약속이 있어서 먼저 가보겠습니다, 부장님"이라고 감히 말하지 못했다. 이미 업무량이 넘쳐나는데 추가업무를 맡겨도 "이 일을 제가 해야 하나요?"라고 반문하지 못했다. 지시가 내려오면 그냥 하는 것이 당연했다.

그러나 시대 흐름에 따라 조직 분위기에도 변화가 생겼다. 회사를 구성하는 대다수의 직원들이 MZ세대로 교체되면서, 상사의 리더십과 언행도 그에 따라 자연스럽게 바뀌었다. 이끌어야 할 부하직원들의 특성을 고려한 당연한 결과였다.

박 팀장도 팀원들에게 멘토 같은 상사가 되어주고 싶었다. 그래서 팀원들 한 명 한 명에 정성을 쏟았다. 정신없이 바쁜 와중에도 일대일 면담을 진행하며 경력을 함께 고민하고 설계했다. 소통이 중요하다고 생각해서 점심은 가능하면 팀원들과 함께 먹었다. 혹시라도 편애한다는 이야기가 나올까 봐 팀원들과 골고루 자리를 마련했다. 당연히 밥 먹을 때는 일 얘기가 아닌 각자의 살아가는 이야기들을 편안하게 나눴다. 팀원들이 저녁 모임을 좋아하지 않는다고 해서 회식 횟수도 줄였다. 가끔 회식이 잡히면, 팀원들이 좋아하는 메뉴를 정하도록 자율권도 주었다. 정성을 보이면 팀원들이 당연히 마음을 알아줄 거라 믿었기 때문이다.

그런데 최근 박 팀장은 자꾸만 지치는 느낌이 든다. 지난달에는 회사를 그만두게 된 팀원 한 명과 면담을 진행했다. 그리고 뜻밖의 얘기를 들었다. "우리 팀을 위해 내게 조언해줄 말이 있을까요?"라고 묻자, 그 팀원은 이렇게 말했다. "팀장님께서 팀원들에게 잘해주시려고 하는 마음은 알고 있습니다. 그런데 팀원들 입장에서는 여러모로 부담스러워요. 점심을 같이 먹는 것도 좀 힘들어요. 아무래도 팀원들끼리 어울리거나 혼자 먹는 걸 더 선호해요. 형제자매, 취미, 요즘 관심사 등을 물어보시는데, 굳이 팀장님과 이런 얘기를 나눠야 하나 싶고요." 박 팀장의 질문에 팀원은 그간 할 말이 쌓여 있었다는 듯 주르륵 쏟아냈다. 그 말을 듣고 박 팀장은 충격을 받았다.

당황한 박 팀장은 팀 내에서 평소 솔직하게 의견을 제시하는 파트장 몇 명을 불러 이야기를 들었다. 팀원들은 팀장과의 점심 식사를 감정노동으로 여긴다고 했다. 물론 모든 팀원들이 그런 건 아니지만 대부분의 팀원들은 팀장과 함께하는 식사 자리를 불편하게 느끼고 있단다. 일대일 면담도 자주 이루어지니 팀원들이 좀 번거로워한다고도 했다. 차라리 일정한 거리를 두시는 게 어떠시냐는 파트장의 말에 박 팀장은 힘이 빠졌다. "이래서 사람은 거두는 게 아니라고 했나 봐!" 박 팀장은 팀원들에게 강한 배신감을 느꼈다. 진정성 있게 다가가면 상사의 마음을 알아줄 거라 생각했던 스스로가 너무 순진했다는 생각마저 들었다.

이제 더 이상 사람에게 마음 주지 않겠다는 결심을 한 박 팀장은 팀원들을 냉소적으로 대하기 시작했다. 예전에는 업무상 실수가 보이면 어떻게 개선하고 역량을 키워나갈지를 일일이 조언해 주었다면, 이제는 인재육성은 시간 낭비라고 여기게 되었다. 팀 문화에도 별 관심을 두지 않았다. 역량 있고 일 잘하고 잘 따라오는 팀원들만 데리고 일하면 되지, 굳이 나머지 팀원들까지 신경 쓰며 키우고 다독일 필요가 없다는 생각이 강해졌다. "어차피 일로 만난 사이, 그냥 일만 하면 되는 거잖아? 본인들도 그걸 원하니, 그렇게 해주지, 뭐!" 박 팀장의 리더십 스타일은 완전히 달라졌다. 하루아침에 바뀐 박 팀장의 태도를 보는 팀원들은 당황스럽기만 하다.

리더는 원래 외롭다

팀이나 조직을 이끄는 자리에 있는 사람에게는 로망이 있다. "우리 조직을 이렇게 이끌어야지!", "서로를 믿고 의지하는 최고의 팀으로 만들고 싶다!" 그래서 본인의 사비를 써서 팀원들에게 커피를 사기도 하고, 업무로 정신없는 상황에서도 조직 활성화를 위해 일대일 면담, 워크숍과 회식, 문화행사를 하기도 한다. 물론 이런 것들을 해주면 팀원들이 업무에 잘 몰입하고 성과를 낼 거라는 기대감도 있다. 하지만 그게 전부는 아니다. 자신을 의지하고 따르는 팀원들에게 잘해주고 싶은 진심이 있다. 그런데 리더의 생각과 팀원들이 바라는 것이 다르다는 걸 알게 되면, 그간의 노력이 상처로 다가온다. "잘해줘 봤자, 다 소용없지." 냉소적인 마음마저 든다. 이런 과정을 몇 차례 겪으면서 더 이상 팀원에게 관심을 갖고 노력하지 않겠다는 결심을 하는 리더들이 생겨난다.

요즘 리더들은 과거의 상사들과 스타일이 많이 다르다. 물론 사람 나름이고 조직문화에 따라 다를 것이다. 하지만 옛날의 안하무인식 언행을 하는 상사들은 크게 줄어들었다. 게다가 상사와 부하직원 간에 갈등이 생겼을 때 이를 해결하는 조직의 방식에도 변화가 생겼다. 과거에는 문제 발생 시 리더의 입장과 애로사항부터 먼저 물었다면, 이젠 팀원의 입장에 서서 리더에게 이유가 있었던 건 아닌지를 파악한다. 상사가 MZ세대들의 특성을 제대로 이해하지 못하고 과도한 언행을 한 게 아닌지를 먼저 살피는 것이다.

무조건 부하직원들에게 느낀 서운함만 생각할 게 아니라, 리더가 잠깐 생각해볼 부분이 있다. 팀원들이 상사와 업무 외의 부분에 대해 소통하는 걸 불편해하거나, 식사 자리를 꺼리는 데에는 여러 가지 이유가 있다. 상사와 팀원들의 세대가 다르니, 관심사와 대화방식 등에서 소통이 원활하지 않을 수 있다. 또는 상사의 업무 스타일이나 리더십 성향 때문에 팀원들이 상사를 무서워하거나 불편하게 생각할 소지도 있다. 이유는 각기 다르겠지만, 그중 가장 일반적이고 보편적인 이유는 있다. 바로 '나의 상사'이기 때문에 어려운 거다.

입장 바꿔 생각해보면, 팀장은 상무와 밥 먹는 게 불편하다. 상무는 전무나 실장과 밥 먹는 게 싫다. 식당에서 우연히 만나도 그룹장은 웬만하면 사장과 다른 테이블에 앉고 싶다. 아무리 비싼 음식을 사주고 좋은 식당에 데려가도 불편한 건 불편한 거다. 팀원들도 똑같다. 차라리 내 돈 내고 마음 편히 밥 먹고 싶어 한다.

많은 리더들이 내게 자주 묻는 질문이 있다. "내가 그렇게 무서운 사람이에요? 왜 날 무서워해요? 전 팀원들을 편하게 대하는데요." 물론 리더의 성향이 개방적이고 격의 없는 스타일이라면 조금 나을 수는 있다. 그럼에도 팀원들은 리더를 '가깝고 친근한 사람'이 아닌 '자신의 인사평가를 하는 상사'로 인식한다. 그래서 리더의 인간성, 소통 방법 등과 상관없이 부담스럽다.

상사와 소통하기를 힘들어하는 팀원들의 성격이 다들 이상하거나 그들이 고마움을 몰라서가 아니다. 그러니 리더의 마음을 몰라준다고 무조건 서운해할 필요는 없다. 리더의 자리는 원래 외롭고 고독하다. 아무리 여러 번 회의를 거쳐 토론을 해도, 결국 중요한 의사결정은 리더가 내려야 한다. 주변에 사람은 많지만, 막상 힘들 때 마음 터놓을 사람은 별로 없다.

그럼에도 당신이 리더의 자리에 있다면, 이는 의미 있는 일이라는 걸 기억하자. 다들 팀장이 되기 싫어하고 리더 자리를 마다한다고 해도, 누구나 리더를 할 수 있는 건 아니다. 조직은 아무에게나 리더를 맡기지 않는다. 당신의 역량, 그릇, 깊이가 그 자리를 감당할 수 있기 때문에 당신을 지명하고 팀원들을 맡긴 거다.

당신의 진심을 알아주지 않는 팀원들에게 실망하고 사람에 지쳐간다면, 일단 한발 뒤로 물러서자. 주기만 하는 관계는 쉽게 지친다. 사람 간 관계는 상대방과 마음의 속도가 맞고 원하는 소통의 수준이 비슷할 때 오래 유지된다. "이제 다시는 사람에게 마음 안 준다"거나 "육성해도 다른 데로 가버리니, 더 이상 팀원을 안 키운다"라는 마음을 가지면, 자신의 회사생활부터 무미건조해진다. 리더로서의 역할은 의미를 두고 수행하되, 상대에 대한 기대감을 줄이는 것이 현명하다.

너무 많은 걸 쏟아붓지 말자

✳ 본인이 할 수 있는 만큼만 팀원들을 돌보고 돕도록 하자. 내가 많은 걸 해 주었다고 생각하면, 나도 모르게 타인에게 그에 상응하는 반응이나 행동 을 기대하게 된다.

✳ 리더는 자신을 따르는 팀원들을 보살피고 육성하는 데에서 기쁨을 느끼 게 된다. 목표, 성과 달성 등 팍팍한 회사생활 속에서 본인의 코칭과 배려 를 통해 후배들이 성장하는 모습을 보는 것만큼 즐거운 일이 없다. 나 자 신을 위해서라도 냉소적인 마음을 품기보다는 따뜻함을 유지해야 한다. 리더의 마음을 알아주는 팀원도 분명 있다.

관계에 냉소적인 상사

◦ 진단 ◦

인간관계에 냉소적인 사람을 만났을 때, 우리는 그 사람이 태어날 때부터 냉정하고 차가웠을 거라고 생각해버리는 경우가 있다. 물론 그의 타고난 성향 때문일 수도 있다. 하지만 한편으로는 누군가에게 지속적으로 정성을 줬는데도 그에 합당한 마음을 받지 못했을 때, 냉소적으로 변하기도 한다. 최근 내가 만난 리더들의 경우, 팀원들이 리더와의 소통을 이유 없이 거부하거나 정성 들여 육성한 인재가 다른 조직으로 가버리는 경우에 상처를 받는 일이 자주 있었다.

◦ 처방 ◦

아쉬울 것이 없어 보이고 강해 보이더라도, 리더 역시 한 명의 인간이다. 그래서 직장생활을 하며 수시로 외로움을 느끼며 타인과 마음을 나누고 싶어 한다. 만약 당신의 상사가 "잘해줘 봤자 소용없어!"라고 종종 말한다면, 과거에 정을 줬다가 상처받았던 경험이 있는 거다.

사람에게 받은 상처는 사람이 약이다. 리더에게도 위로가 필요하다. 사소하지만 따뜻한 말이나 행동들을 꾸준히 보여주자. 리더도 사람이다. 자신에게 다가오는 팀원이 미울 수가 없다.

- "팀장님, 회의가 연속으로 진행되어서 피곤하시죠? 제가 커피 사왔어요. 힘내세요, 팀장님!"
- "파트장님, 제 업무 분야에서 일을 더 잘할 수 있는 방법을 알고 싶습니다. 조언 부탁드려요!"
- "파트장님께 코칭을 좀 받고 싶은데요. 시간 괜찮으세요?"

"혼자가 편해요"

(무리에 섞이기 힘든 사람)

수연 씨는 혼자 있을 때가 좋다. 혼자 있는 시간만큼은 마음이 편하다. 타인을 신경 쓸 필요도 없고, 눈치를 보지 않아도 된다. 내가 하고 싶은 일을 하고, 내가 먹고 싶은 음식을 먹고, 내 시간을 오로지 나만을 위해 자유롭게 사용할 수가 있다.

수연 씨는 사람들과의 사소한 갈등이나 신경전에 유독 예민하다. 회의 때 특정 업무에 대해 팀원들 간의 의견이 엇갈릴 때 느껴지는 긴장감이 싫다. 누군가와 대화를 주고받은 후, 상대방이 한 말들이 계속 신경 쓰여서 밤잠을 설치는 경우도 자주 있다. 그래서 최근 수연 씨는 혼자 있는 시간을 점점 늘리고 있다.

요즘은 회사에서도 저녁 회식이나 모임 등을 많이 줄이는 추세라서 수연 씨에게는 다행이었다. 그런데 문제는 점심시간이다. 퇴근 이후의 시간은 수연 씨 의지대로 할 수 있다. 그런데 점심시간에는 분위기상 원치 않게 사람들과 어울려야 할 때가 있다.

　　오늘도 마찬가지였다. 팀장님이 오전 회의를 마치며 팀원들에게 말했다. "벌써 점심시간이 됐네! 다들 밥 먹으러 가죠!" 수연 씨는 2주 전부터 점심시간에 인터넷 강의를 듣고 있다. 올 초에 따야겠다고 결심한 자격증이 있는데, 퇴근 후 학원에 다니는 게 여의치 않아서 대신 인터넷 강의를 수강하게 되었다. "팀장님, 전 점심시간에 할 일이 좀 있어서요. 따로 먹겠습니다." 수연 씨가 눈치를 보며 조심스레 말을 건넸다. 그러자 옆에 있던 선배가 얼른 끼어들었다. "수연 씨, 제발 밥 좀 같이 먹어봅시다. 수연 씨랑 밥 먹는 게 왜 이렇게 어려워요? 매번 수연 씨만 빠지는 거 알고 있죠?"

　　수연 씨를 데려가고 싶은 마음에 하는 말이라는 건 알고 있다. 그리고 인터넷 강의를 몇 번 안 듣는다고 해서 문제가 생기지 않는다는 것도 잘 안다. 하지만 마음이 내키지 않는다. 사람들이 빠져나간 텅 빈 사무실에서 혼자 책도 읽고 음악도 듣고 주변 정리를 하는 시간이 수연 씨에게는 금쪽같다. 팀장님이 사주는 스테이크 정식보다 혼자 먹는 삼각김밥이 더 맛나다. 결국 수연 씨는 오늘도 점심시간에 혼자 남았다. 다들 우르르 몰려가며 "오늘은 뭘 먹을까요?" 하는 소리가 떠들썩하다. 수연 씨는 그들이 하나도 부럽지 않다.

현대인들은 혼자만의 시간이 절대적으로 부족하다. 회사에서는 일하느라 그렇다. 본인이 아무리 깊이 있는 기술을 가진 전문가라 해도 협업을 안 하고 혼자서 일하는 건 거의 불가능하다. 최근 협업을 더욱 강조하는 조직 분위기 속에서 옆자리 팀원, 타 부서 담당자, 외부 거래처들과 계속 연락하고 메일을 주고받고 만나야 한다. 퇴근하고 쉴 수 있느냐 하면, 그것도 뜻대로 잘 안 된다. 집에 돌아오면 가족들이 있다. 밖에서 얼마나 바쁘게 시간을 보냈든, 일단 집에 들어왔으니 기본적으로 가족과의 소통이 필요하다. 그렇게 저녁 시간을 보내고 나면, 다시 또 다른 하루가 시작된다. 사람들과 끊임없이 부대끼면서 하루, 한 달, 1년, 10년을 보내며 지쳐간다.

함께 또 따로

매 순간 사람들을 만나고 상대하는 직업을 가진 사람은 단 하루라도 말을 안 하면 좋겠다고 하소연한다. "마음 같아서는 무인도에 들어가고 싶어요. 아니면 묵언수행이라도 하고 싶네요. 사람들이 넌더리가 나요.” 실제로 얼마 전 코칭에서 내게 이렇게 이야기한 직장인이 있었다. “차라리 전염병에 걸려서 일정 기간 강제로 외부와 차단되었으면 좋겠어요. 아무도 안 만나고 혼자 있으면 좀 살 것 같아요!” 그 말을 듣고 나는 놀라서 그분의 얼굴을 쳐다보았다. 그분의 표정은 비장했다. 질병을 만만하게 생각해서 그러는 게 아니었다. 정말로 사람들과 동떨어져 혼자 쉬고 싶다는 간절함이 있었다.

상사, 후배, 동료, 고객, 가족, 지인 등 주변에는 우리의 마음을 힘들게 만드는 사람들이 많다. 물론 그들 덕분에 즐겁고 행복한 순간들도 있다. 그리고 그 사람들이 나를 의도적으로 괴롭히려고 하는 게 아닌 것도 안다. 그저 성격이 안 맞고 생각이 달라서 그럴 때가 많다. 그래서 서로 조율하며 맞춰가는 작업을 한다. 그렇지만 이렇게 안 맞는 걸 맞추는 과정을 거치다 보면, 마음이 쉴 수가 없다.

사람을 돕고 지원하는 일이 좋아서 코치가 된 나 역시도 지치는 순간은 있다. 그러면 어딘가로 숨어버리고 싶다는 생각이 든다. 그 누구도 내게 말을 시키지 않고, 알아보는 사람도 없는 나만의 동굴 같은 곳으로 가고 싶어진다. 그럴 때는 휴대폰과 노트북을 주섬주섬 챙겨 사람들로 북적이지 않는 호젓한 장소로 떠난다.

그런데 참 신기한 건 이렇게 얼마 동안 혼자서 지내다 보면, 어느 순간 사람들 생각이 난다. 그래서 친구에게 전화를 걸기도 하고, 주변 풍경을 담은 사진을 가족이나 지인들에게 보내며 연락을 취한다. 그토록 혼자 있고 싶었는데도, 사람들과 함께하는 순간이 그리워지는 때가 오는 것이다. 아무리 혼자 있는 걸 원했더라도 일정 시간이 지나면 누군가를 다시 찾게 된다.

내 마음이 안정되고 단단해지려면 혼자만의 시간은 필수다. 자신을 둘러싼 주변 상황, 사람들과의 관계, 업무에 대한 생각 등을 차분히 정리할 수 있는 적막한 시간이 필요하다. 오히려 혼자 있는 시간을 못 견디는 사람이 감정적으로 위험하다. 세상에서 가장 오래 그리고 제일 가깝게 나 자신과 함께할 존재는 바로 '나'다. 혼자 보내는 시간을 견딜 수 없어 항상 누군가와 함께해야 한다면, 분명 안타까운 일이다.

또 한 가지 분명한 사실은 타인과 함께하는 시간도 반드시 필요하다는 점이다. 대개 사람들은 맛있는 식당을 발견하면 소중한 누군가를 떠올린다. "다음번에 우리 엄마 모시고 와야겠다!", "남편 입맛에 딱 맞겠는걸! 어느 주말에 같이 와야지." 이렇게 그 사람이 좋아할 모습을 떠올리면 마음이 설렌다. 멋진 풍경을 보면 또 이렇게 생각한다. "우리 딸이랑 같이 오면 좋았을걸!", "그 친구에게 사진 찍어서 보내줘야겠다. 분명 이런 풍경을 좋아할 거야!" 눈 앞에 펼쳐진 광경을 함께 볼 수 없어서 아쉬워진다.

우리의 감정 중에는 혼자서도 얼마든지 느낄 수 있는 긍정적인 감정들이 있다. 편안함, 홀가분함, 만족스러움, 신남, 자신감, 재미 등이 그렇다. 한편 혼자서는 느끼기 어려운 종류도 있다. 사랑, 감동, 고마움, 반가움, 설렘, 친밀감, 소속감, 애틋함 등이다. 이런 감정은 상대가 있어야 비로소 발생하는 감정들이다. 그리고 곰곰이 생각해보면 우리는 자기 자신 때문에 마음이 훈훈해지고 따뜻해지고 행복해지는 경우보다는 함께 살아가는 사람들로 인해 긍정적인 감정들을 강하게 느끼는 경우가 더 많다.

물론 타인 때문에 원치 않게 느끼는 부정적인 감정도 있기는 하다. 질투, 창피함, 외로움, 귀찮음, 미안함, 부담, 실망, 짜증 등이다. 하지만 이런 감정을 느끼기 싫다고 해서, 타인으로 인해 느낄 수 있는 모든 감정을 아예 차단해버리면 더 행복해질까? 타인을 통해 느낄 수 있는 좋은 감정들을 포기할 수 있을까? 그건 마치 자신을 외부와 차단된 공간 속에 가두고 허용된 감정만 느끼도록 통제하는 것과 같다. 통제의 주체가 타인이든 자신이든, 이처럼 억압된 삶은 그리 즐겁지 않다.

항상 타인과 함께할 필요는 없으며, 혼자만의 시간은 반드시 필요하다. 하지만 사람들과 어울리며 느낄 수 있는 다양한 감정을 경험하는 건 중요하다. 그래야 비로소 혼자만의 시간을 더 의미 있게 보낼 수 있다.

감정 솔루션

혼자 있는 시간과 함께하는 시간을 모두 즐겨라

✶ 매일 누군가와 어울릴 필요는 없다. 사람마다 성향은 다 다르다. 혼자 있는 걸 더 편하게 느낀다고 해서 감정적으로 문제가 있는 게 결코 아니다.

✶ 하지만 타인과 있을 때 느낄 수 있는 즐거운 감정들도 경험해보기를 권한다. 한 달에 한두 번쯤 팀원들과 퇴근 후 회사 근처의 맛있는 식당을 찾아다녀도 좋고, 마음 맞는 친구와 저녁 시간을 보내는 것도 좋다. 타인과 함께할 때 비로소 느낄 수 있는 긍정적 감정을 본인에게 선물해보자.

사람들과 어울리기 싫어하는 후배

○ 진단 ○

스트레스가 쌓이거나 속상할 때, 사람들을 만나고 나니 마음이 한결 풀린다면 외향적인 사람일 확률이 높다. 반면 힘든 상황에서 사람들과의 대면을 피하고 혼자만의 공간에서 음악을 듣거나 영화를 보는 등 혼자 일정 시간을 보내면 마음이 회복된다는 사람들이 있다. 전형적으로 내향적인 사람들이다. 성격적으로 볼 때, 내향적인 성향이 강한 사람들이 주로 혼자 있는 걸 선호한다.

지금까지 우리 사회와 기업에서는 낯선 사람을 만나도 금방 친해지고 어울리기를 좋아하는 외향적인 사람들을 선호해왔다. 이들이 더 협업을 잘하고, 고객과 더 효과적으로 소통하며 영업을 잘할 것이라고 생각한다.

하지만 반드시 그렇지는 않다. 각각의 장단점이 있다. 내향적인 사람들의 경우, 일을 더 차분하고 꼼꼼하게 처리하며 자신의 말을 많이 하기보다는 타인의 말을 잘 경청하는 강점이 있다. 사람들과 활발하게 어울리지 않는다고 해서 업무나 인간관계에 문제가 있는 게 아니다. 그냥 성향이 다른 것뿐이다.

◦ **처방** ◦

주변에 이런 성향의 후배가 있다면, 적극적으로 다가가는 건 자제하는 게 좋다. 물론 선배로서 점심에 밥도 사주면서 대화도 하고, 저녁에는 술을 한 잔 하면서 후배의 고민을 들어주고 싶은 바람도 있을 것이다. 하지만 후배가 원하지 않는다면, 다른 방법을 찾는 게 더 낫다. 소통방식은 정해져 있는 게 아니다. 얼마든지 다양한 방법으로 소통이 가능하다. 선배가 싫어서가 아니라, 모임이나 자리가 편치 않아서 그런 반응을 보이는 것이니 오해할 필요도 없다.

◦ **이렇게 말해보자** ◦

- "박 선임, 아이스 아메리카노 먹는 거 같아서 책상 위에 뒀어요. 내 것 사면서 한 잔 더 사 왔어. 이따 회의에서 봐요."
- "생일 축하해! 네 생각하며 선배가 작은 선물 하나 샀다. 생일 즐겁게 보내."

"속마음을 보이는 건 손해잖아요"

$$(\quad \text{감정을 드러내는 게 부담스러운 사람} \quad)$$

5개월 동안 진행했던 신규 프로젝트를 완료한 기념으로 오랜만에 회식이 잡혔다. 그간의 스트레스도 풀고, 단합대회도 할 겸 팀원들 모두 회사 근처 횟집으로 몰려갔다. 한 대리 역시 이번 신규 프로젝트를 무사히 마쳤다는 만족감에 술잔을 연거푸 비웠다. 서서히 긴장이 풀리기 시작했다. 그때 옆에 앉은 서 과장이 잔을 채워주며 다정하게 말을 건넸다.

"고생 많았지, 한 대리? 이번에 정말 잘해줬어. 고마워."

"무슨 말씀을요. 서 과장님께서 안 계셨더라면 어림도 없는 일이죠."

"정말 그렇게 생각해?"

서 과장은 기분이 좋은지 허허 웃었다. 한 대리는 선배나 상사에게 깍듯한 스타일이라 다른 상사들도 그를 마음에 들어 했지만, 특히 서 과장은 한 대리에게 남다른 애정을 보였다. 한 대리가 신입사원일 때부터 틈날 때마다 직장생활에 대해 여러 가지 조언을 아끼지 않았고, 회사에서 실시한 멘토링 제도에서 멘토가 되어주기도 했다.

이런저런 이야기를 나누다가 서 과장이 갑자기 목소리를 낮추며 말했다. "이봐 한 대리, 사실 나는 회사에 서운한 점이 많아. 자네도 알다시피 다른 부서에 비해 우리 부서가 성과가 더 좋잖아? 그런데 재주는 곰이 부리고 돈은 딴 사람이 가져가는 꼴이야. 회사에서 우리 부서에는 별로 투자를 안 하잖아. 이번 승진 건만 해도 그래. 옆 부서 이 대리는 과장으로 승진시켰으면서, 한 대리는 승진 대상에 포함시키지도 않다니. 난 자네가 아까워."

어떻게 대답해야 하나? 술을 마신 상태였지만, 한 대리의 머릿속은 빠르게 돌아가기 시작했다. 그의 평소 신념은 '누구에게도 솔직한 마음을 보이지 말자'다. 자기 자신을 빼고는 아무도 믿어서는 안 된다고 생각하기 때문이다. 다른 사람에게 배신을 당한 적이 있는 것도 아닌데 언제부턴가 그런 생각이 몸에 배었다. 그래서 누구에게든 자신의 감정이나 마음을 내보인 날이면 꼭 잠자리에 누워 후회하고는 했다.

한 대리는 서 과장이 믿을 만한 사람이라는 것도, 자신을 진심으로 위한다는 것도 알고 있다. 하지만 이번에 승진에 탈락해서 자신이 우울하다는 걸 말하기는 싫었다. 왠지 자신의 치부를 드러내는 것 같다는 생각까지 들었다. 한 대리는 정색을 하며 서 과장에게 말했다. "서 과장님, 무슨 말씀이세요. 전 정말 괜찮아요. 이 대리가 승진할 만하니까 승진시켰겠죠."

"에이, 자네도 서운해하는 눈치가 역력하던데 뭐. 괜찮아, 오늘 그 마음 다 풀어버려! 내가 다 들어줄게."

한 대리는 두 손까지 휙휙 저어가며 대꾸했다.

"진짜라니까요. 전 정말 회사에 아무 불만 없어요."

순간 서 과장의 얼굴에 서운함이 스쳐갔다.

"어, 그래? 그렇다면 미안하네. 내가 착각했나 봐." 더 이상 이야기하지 않고 술잔을 부딪치는 서 과장을 보며 한 대리는 뿌듯했다. '그래, 섣불리 마음을 내보이는 건 아마추어나 하는 짓이야.'

오늘밤 한 대리는 만족스럽게 잠자리에 들 것이다. 그러나 그는 자신을 도와줄 훌륭한 후원자의 마음을 잃었다는 사실은 눈치채지 못할 것이다.

다른 사람에게 자신의 감정을 드러내는 것을 불편해하는 사람들이 있다. 그들은 솔직한 마음을 털어놓는 게 마치 남들 앞에 알몸으로 서 있는 기분이라고 말한다. 또한 자신에 대해 솔직하게 말하면 상대방이 실망할까 봐 걱정하기도 한다. 이들은 언제까지나 사람들과 적당한 거리를 두고 알 듯 모를 듯 신비한 존재로 남기를 바란다. 얇은 커튼 뒤에서 희미하게 비치는 실루엣이 더 멋질 것이라고 믿기도 한다. 그렇기 때문에 누군가 커튼을 걷고 자신의 진짜 모습을 볼까 봐 염려한다. 마음을 터놓지 않는 사람들 중에는 이런 생각을 가진 이들이 의외로 많다.

자신의 감정을 드러내지 않는 사람들은 점심시간에 동료가 "오늘은 뭐 먹을까?" 하고 물었을 때 자신이 먹고 싶은 음식이 있어도 선뜻 말하지 않는다. 어제 새벽까지 술을 마셔서 속이 쓰린 상태일지라도 누군가 파스타를 먹자고 하면 그냥 따라간다. 자신이 좋아하는 것, 싫어하는 것, 가고 싶은 곳, 가기 싫은 곳, 좋아하는 음식, 싫어하는 음식 등 자신의 취향과 상태를 밝히지 않는다. 아무래도 상관없어서 말하지 않는 게 아니다. 자신을 드러내는 것 자체가 싫은 것이다. 대중 속에 묻혀 있고 싶은 마음이 강하고, 누군가 자신에 대해 잘 아는 것이 부담스럽기 때문이다.

세상만사는 인지상정이라고 했다. 주는 것이 있으면 받는 것이 있는 법이다. 내가 마음을 열면 상대도 나에게 마음을 연다. 내가 눈길을 주면 상대도 나를 바라보게 된다. 내가 손을 내밀면 상대도 손을 내민다. 마음도 똑같다. 내가 솔직하게 다가가면 상대도 내게 솔직해진다. 내가 마음을 닫으면 상대방도 나에 대한 마음을 닫는다.

마음의 거리 = 관계의 거리

대기업 연구원인 김 선임은 뭐 하나 빠지는 게 없다. 부유한 부모 밑에서 부족한 것 없이 외동으로 자랐고, 성격도 특별히 모난 구석이 없는 사람이다. 당연히 직장에서도 인기가 좋았고, 주위의 소개로 이성도 꽤 많이 만나 보았다. 그런데 이상하게도 누구를 만나든 몇 개월 이상을 넘기지 못했다. 서로 크게 다툰 적도 없고 별다른 갈등도 없는데, 만나다 보면 어느새 사이가 멀어지고는 했다. 김 선임 자신도 도대체 이유를 알 수가 없었다.

겉으로 볼 때는 이유를 찾을 수 없지만 김 선임에게는 자신만 아는 단점이 하나 있다. 바로 자신의 마음을 상대방에게 열지 않는다는 것이다. 아마도 김 선임은 사람들을 만나면서 특유의 예의 바른 태도로 이야기를 나눴을 것이다. 그리고 거기서 관계의 깊이를 한 발짝도 더 나아가지 않았다. 그렇게 눈에 보이지 않는 벽 때문에 상대방은 김 선임에게 더 이상 다가갈 수 없었을 것이고, 좁혀지지 않는 마음의 거리 때문에 결국 만남을 포기했을 수 있다.

우리는 누군가를 만날 때 느낌으로 그 사람과 나의 마음의 거리를 짐작해보게 된다. 대부분의 사람들은 상대방에게 호감을 갖게 되면, 자연스럽게 더 가까워지고 싶은 욕구를 가진다.

만일 내가 처음 만난 사람에게 "내 이름은 함규정이고, 서울에 산다. 책 쓰고 코칭하며 강의한다"라고 소개했다고 하자. 이제 그 사람은 나에 대해 잘 안다고 할 수 있을까? 나를 이해했다고 말할 수 있을까? 결코 아니다. 그 사람이 나에 대해서 아는 것은 사람들이 부르는 나의 이름, 사는 지역, 하는 일뿐이다. 나라는 사람에 대한 핵심은 아무것도 모른다. 서로의 정보를 주고받는 것만으로는 마음의 거리를 좁힐 수 없다.

상대방을 안다는 것은 그 사람의 감정을 아는 것과 같다. 그렇기 때문에 나이, 직장, 경력, 근황과 같은 정보가 아닌 상대의 감정을 알고 나누는 것이 중요하다. 가까이 가고 싶지만 벽이 느껴져 다가가기 어려운 사람, 자주 만나고 밥도 여러 번 같이 먹었는데도 친밀함을 느낄 수 없는 누군가가 있다면 이는 마음의 거리 때문이다.

감정의 문제는 곧 업무의 문제가 된다. 동지애, 팀워크를 느낄 수 없는 사람과 공동의 성과를 내기는 쉽지 않다. 그러니 마음을 여는 것을 두려워하지 말자. 소통해야 내 마음도 건강해진다. 방문을 꼭꼭 닫아 놓으면 방 안 공기가 탁해진다. 감정도 마찬가지다. 벽을 허물고 감정을 나누어야 당신의 마음이 더 건강해지고, 당신의 인간관계가 탄탄해진다.

무슨 생각을 하는지 속을 알 수 없는 사람

◦ 진단 ◦

마음을 닫아버리고 자신의 속마음을 드러내지 않는 사람들 중에는 자신의 모습에 자신감이 없는 사람들이 꽤 있다. 자신의 진짜 모습을 보이면 상대방이 실망할 것이라고 생각하기 때문이다. 하지만 무슨 생각을 하는지 알 수 없기 때문에 곁에 있는 사람은 답답할 수밖에 없다.

◦ 처방 ◦

만일 당신이 이런 사람과 일하고 있다면 마음의 긴장을 풀어줄 수 있는 방법을 써보자. 그 사람의 숨겨진 장점을 찾아내 칭찬해주면서 마음의 거리를 좁히는 것이다. 이때 건네는 칭찬이나 인정은 과하지 않고 적당해야 한다. 또는 사소한 것이라도 상대와의 공통점을 찾아 가벼운 대화를 나누는 것도 좋다.

좋은 말을 들으면 사람들은 대체로 마음이 한결 풀어진다. 상대방이 나를 긍정적으로 생각한다는 걸 알게 되면, 마음을 여는 데에 그만큼 부담감을 덜 느끼게 된다. 마음을 여는 것은 처음이 어렵지, 한 번 마음을 열고 나면 훨씬 수월해진다. "당신은 볼수록 좋은 사람"이라는 말을 상대방에게 자주 사용하자.

- "난 처음에 당신이 다른 사람들한테 별 관심이 없는 줄 알았어요. 그런데 옆에서 겪어보니 배려를 잘하더라고요! 당신은 볼수록 괜찮은 사람 같아요."
- "지난번에 보니 영화를 좋아하는 것 같던데요. 저도 영화 보는 거 좋아해요. 같은 취미가 있는 줄 몰랐네요! 가장 인상 깊었던 영화가 어떤 거예요?"

"화내기 싫은데
사람들이 화를 내게 만든다니까요"

(화내는 것이 습관이 된 사람)

"화를 내지 않으면 사람들이 말을 듣지 않아요." 중철 씨는 자신이
화를 자주 내는 이유를 이렇게 설명했다. 자신도 화를 내고 나면
힘이 들어서 화를 내고 싶지 않다고 했다. 하지만 사람들은 자신이
화를 낼 때까지 계속해서 자신의 성질을 건드리고 자신의 역할을
제대로 하지 않는다는 것이다.

회사에서 퇴근한 중철 씨는 아이에게 컴퓨터 게임을 그만하라
고 말한다. 중철 씨의 말에 아이가 "알았어요. 10분만 더 할게요"
라고 건성으로 대답한다. 10분이 지났다. 거실에 앉아 TV를 보던
중철 씨의 미간이 서서히 찌푸려진다. 시선은 TV에 가 있지만, 아

직도 방 안 컴퓨터 앞에 앉아 있는 아이에게 온통 신경이 쏠린다. 시간은 어느새 30분이 넘어가고 있다. 숨소리가 가빠지던 중철 씨는 갑자기 소파에서 벌떡 일어나며 아이에게 소리를 지른다. "너 아빠가 그만하라고 한 소리 못 들었어?"

아이는 화들짝 놀라 그제야 서둘러 컴퓨터를 끈다. 결국 중철 씨가 큰소리를 내고 나서야 아이가 게임을 끝낸 것이다.

회사에서도 마찬가지다. 새로 온 신입직원은 마감 시간에 대한 개념이 없다. 일을 언제까지 해놓으라고 시켜도 지지부진하게 2~3일 동안 업무를 끌어안고 있다. 기다리다 못해 중철 씨가 "왜 자꾸 일이 늦어져요? 아직 끝내려면 멀었나요?" 하면 신입직원은 "거의 끝나갑니다" 하고 대답한다. 그렇게 또 하루 이틀이 지난다. 결국 인내심이 한계에 다다른 중철 씨는 사무실 안에서 큰소리를 낸다.

"업무에 대한 불만이에요, 아니면 나에 대한 불만이에요? 왜 마감 시간을 안 지키는 건데요? 대체 일을 끝내지 못하는 이유가 뭐예요?"

언성 높여 말하자 신입직원은 그제야 허둥대며 보고서를 가져온다. 어느새 중철 씨는 화를 내야 사람들이 움직인다고 믿게 되었다.

모 그룹 임원에게 화를 너무 자주 내는 것 같다고 이야기하니, "아니, 그럼 일을 저런 식으로 하고 있는데 화를 참으라는 거예요? 박사님 같으면 참으실 수 있겠어요?"라고 대답했다. 지금까지 해당 직원의 나태한 근무 태도를 참아주면서 여러 번 기회를 줬다는 것이다. 그런데 코치로서 지켜본 그 임원은 화에 중독된 상태였다. 잠자는 시간만 빼고는 항상 화가 나 있었다.

화를 내야 직원들이 움직인다고 믿는 사람들의 공통점은 화를 내지 않으면 상대방이 말을 듣지 않는다는 생각을 가지고 있다는 것이다. 물론 그럴 수도 있다. 상사가 크게 화를 내고, 상황이 엉망이 되어야만 그제서야 행동으로 옮기는 사람들도 분명히 있다. 하지만 화를 내서 상대방을 움직이게 하는 방법에는 한계가 있다. 이 방법을 지속하면, 상황이 나아지기보다는 계속 똑같은 상황이 반복된다. 즉 '조용히 말한다 → 말을 듣지 않는다 → 결국 화를 낸다 → 말을 듣는다'라는 공식 말이다.

이런 상황이 반복되다 보면 상대방은 중철 씨를 잔소리꾼이나 원래 화를 잘 내는 사람으로 인식한다. 자신의 잘못은 생각지 않는다. 계속 화를 내게 되니 중철 씨 자신이 자꾸 지친다. 게다가 상대방은 어느새 반복되는 상황에 익숙해져서 중철 씨가 이전보다 크게 화를 내기 전까지는 움직이지 않는다.

화를 내서 상대방을 움직이는 건 하수에 속한다. 진짜 고수는 화를 내지 않고도 사람을 움직인다. 고수는 규칙의 힘을 알고 있다. 아이에게 아무리 게임을 그만하라고 해도 한참 게임에 빠져 있는 아이는 아빠의 경고보다 눈앞의 게임에 마음을 더 빼앗길 수밖에 없다. 그래서 아이와 함께 규칙을 정하는 것이 좋다. 우선 아이의 의견을 충분히 듣고, 부모의 생각도 이야기해준 후에 게임을 하는 시간을 함께 결정한다. 정해진 시간을 넘겼을 때 어떤 벌칙을 받을 것인지도 미리 의논한다. 이때, 부모의 기준을 무조건 강요하지 말고 우선 아이의 의견을 들어야 한다. 아이 입장에서 지킬 수 있는 기준을 함께 정하는 것이 중요하다. 물론 규칙을 정했다고 해서 아이가 갑자기 모든 규칙을 완벽하게 따를 확률은 낮다. 어른인 우리도 매번 다이어트를 실패하고, 가족과 약속한 금연을 10년째 못하고 있다는 걸 기억한다면, 아이를 너무 몰아붙이지 말아야 한다.

다만, 함께 정한 규칙을 어긴 경우에는 예외 없이 약속된 벌칙을 적용한다. 그러면 아이는 규칙을 어기면 좋아하는 것들을 하지 못하게 된다는 걸 깨닫고, 스스로 자제하려고 노력하는 순간이 온다. 그렇게 되면 더 이상 화나 잔소리는 필요 없어진다. 아이는 당신이 무서워서가 아니라, 정해진 규칙 때문에 자발적으로 움직일 것이다.

화를 낼수록 신뢰도는 낮아진다

얼마 전 대형 서점에 간 적이 있다. 어린이책 코너에서 여러 가지 교육 완구와 장난감을 두고 행사를 하고 있었다. 행사장 옆을 지나는데 갑자기 아이의 목소리가 크게 들렸다. "싫어, 싫어. 난 더 할 거야."

고개를 돌려보니, 초등학교 1학년 정도로 보이는 남자아이가 가지고 놀던 블록을 손에 꼭 쥔 채 엄마에게 5분만 더 놀게 해달라고 애원하고 있었다. 엄마는 아이의 말에 "그럼 딱 5분만이야. 더 이상은 안 돼"라고 했다. 아이는 신이 나서 다시 블록들을 이리저리 맞추기 시작했다.

책 몇 권을 골라 계산대로 이동하면서, 나는 다시 행사장 옆을 지나쳤다. 한 시간 전에 보았던 아이와 엄마가 여전히 그곳에 있었다. 엄마는 발을 동동 구르며 "5분만 더 논다더니 한 시간이나 지났잖아. 이제 가야 한다니까. 5분 지나면 진짜 엄마 혼자 갈 거야"라고 말했다. 아이는 여전히 블록들을 손에 쥔 채 "엄마, 잠깐만. 잠깐만!"을 외쳤다.

잠시 후 또 5분이 지났지만 엄마는 혼자 가버리지 못했다. 대신 아이 옆에 서서 끊임없이 협박하고 잔소리를 했다. 결국 참다못한 엄마는 주변 사람들을 아랑곳하지 않고 크게 소리를 지르기 시작했다. "너 정말 이럴 거야? 엄마한테 혼나볼래? 당장 블록 내려놓지 못해?" 엄마는 아이의 팔을 거칠게 낚아채서는 문 쪽으로 끌고 갔다. 아이는 악악거리며 울부짖었다.

아이와 엄마 사이에서 흔히 일어날 법한 상황이다. 어떻게 하면 이런 상황을 해결할 수 있을까? 간단한 방법이 있다. 엄마가 자신이 말한 대로 5분이 지난 후 그 자리를 떠나면 된다. 아까 그 아이는 5분 후에 엄마 혼자 가버리겠다고 아무리 말을 해도, 엄마가 실제로 그렇게 하지 못한다는 것을 알고 있었다. 그래서 블록을 가지고 계속 노는 것이다. 이때 한두 번만 아이에게 단호함을 보이면 아이는 180도 달라진다.

물론 아이를 혼자 서점에 두고 가버릴 수는 없다. 대신 아이에게 "엄마는 간다"라고 경고한 후, 천천히 발걸음을 옮기면 된다. 일단 그 말을 들은 아이는 놀면서도 엄마가 진짜 가는지 살필 것이다. 그러다가 엄마가 모퉁이를 돌면 마음이 조급해진다. 아이는 엄마를 다급히 부르며 쫓아간다. 다음부터 아이는 "네가 지금 그만두지 않으면, 엄마는 혼자 간다"라는 말에 장난감을 손에서 놓고 바로 엄마를 따라나선다.

일처리가 늦어지는 팀원도 마찬가지다. "아직 안 됐나요?" 또는 "끝내려면 멀었어요?" 하고 자꾸 물어볼 필요가 없다. 먼저 팀원에게 해당 업무가 언제까지 어느 정도의 수준으로 끝나야 한다고 구체적이고 명확하게 말한다. 그리고 주어진 시간 내에 가능하겠냐고 다시 한 번 확인한다. 팀원의 대답을 들은 후에 이렇게 덧붙인다. "만약 내일 오후 다섯 시까지 보고서가 완성되지 않으면, 야근해서라도 내일까지 마쳐서 내 메일로 보내줘요. 다음날 내가 출근하면 바로 볼 수 있게요. 무슨 일이 있어도 이번 주까지는 마무리해야 하니까요." 왜 못 끝내느냐고 직원을 들들 볶을 필요가 없다. 시간 안에 못하면 추가근무를 하는 것으로 팀 내 규칙을 정하면 된다.

루이스 헤이 Louise Hay 는 상사가 직장에서 화를 냈을 때 부하직원들이 어떻게 반응하는지를 관찰했다. 그리고 그는 상사가 화를 낼 경우, 상사에 대한 신뢰도가 떨어진다는 점을 발견했다.

화를 내서 상대방의 행동을 고치려고 하지 말자. 감정적으로 대하면, 상대방 역시 감정적으로 대응하기 때문에 위험하다. 화 같은 강렬한 감정을 자주 드러내야 하는 당신이 우선 고역이다. 게다가 동일한 상황에 자주 노출되면, 마치 약에 내성이 생기듯 작은 자극에는 상대방이 움직이지 않게 된다.

어떤 사람이 백화점에서 물건을 훔쳤다. 이때 백화점 매니저가 "왜 이러세요, 손님. 제가 물건을 훔치면 안 된다고 말씀드렸잖아요" 하고 화내지 않는다. 그럴 필요가 없기 때문이다. 누군가 물건을 훔쳤다고 경찰에 전화 한 통만 걸면 된다. 왜 훔치느냐고, 다음 번에도 훔치면 가만 안 있겠다고 협박하고 성질낼 이유가 없다. 정해진 규칙대로 조용히 움직이면 된다. 오히려 이것이 더 강력한 방법이다. 화를 내고 소리를 질러 사람을 움직이는 방법은 가장 저차원적인 방식이다.

감정 솔루션

화를 자주 내면 효과가 떨어진다

* 화를 내서 상대방의 행동을 고치는 것에는 한계가 있다. 화를 내는 상황이 반복되면 내성이 생겨 상대방이 작은 자극에는 반응하지 않게 된다. 게다가 상대방 역시 당신에게 감정적으로 대응하게 된다.
* 화를 내기 전에 우선 반드시 지켜야 할 규칙과 약속을 함께 정해보자. 부드럽지만 강력하게 상대방을 지도할 수 있다.

화를 내야 일이 된다고 믿는 상사

◦ 진단 ◦

성질이 급한 사람이 화도 잘 낸다. 상대방의 말을 끝까지 듣지도 않고 소리부터 지른다. 그런데 상사가 자주 화를 내면, 팀원은 계속 위축될 수밖에 없고, 그 상태에서는 창의적인 의견을 내거나 업무에 몰입할 수 없다.

◦ 처방 ◦

이런 상사와 일하는 팀원들의 직장 만족도는 매우 낮다. 그렇다고 상사에게 "화를 너무 자주 내시는 거 아세요?"라고 직접적으로 말할 수는 없는 노릇이다. 이렇게 성격이 급하고 성과에 대한 욕심이 많은 사람에게는 "계속 화를 내면, 오히려 팀원들의 업무 성과가 낮아질 수 있다"는 걸 알리는 게 효과적이다.

타인의 화를 내가 마법처럼 없애버릴 수는 없다. 하지만 상사의 잦은 화는 개인의 감정에서 끝나는 것이 아니라, 조직에 부정적인 영향을 미치기 때문에 더욱 문제가 크다. 그러니 상사와 가까운 부하직원이나 상사의 인정을 받는 중간 리더가 편안한 자리에서 넌지시 이야기를 꺼내보자.

상사 입장에서도 힘들고 감정 조절이 되지 않으니 자꾸 화를 내는 것이다. 그러니 일단 상사의 상황에 공감을 표한 후에 분노의 부작용을 전하는 것이 좋다.

존중과 이해가 미덕인 시대다. 상사 또한 화를 무분별하게 내서는 안 된다는 것을 알고 있을 것이다. 그를 하루아침에 변화시킬 수는 없겠지만, 계속해서 인지시키면 그도 노력할 것이다.

◦ **이렇게 말해보자** ◦

- "부장님, 성과는 내야 하고 팀원들은 적극적으로 따라오지 못해서 많이 답답하시죠? 그래서 제가 팀원들 몇 사람과 면담을 해봤는데요. 이런 말들을 하더라고요. 여러 대안을 연구하고 해결책을 준비했어도, 막상 부장님 앞에 서면 화를 내실까 두려워 말을 제대로 못 하겠다고요. 조직 분위기가 경직되니 팀원들 사기가 자꾸 떨어지는 것 같아요. 부장님, 어떻게 하면 좋을까요?"

"완벽한 사람만
살아남는 세상 아닌가요?"

(**빈틈을 보이는 게 싫은 사람**)

우리는 신이 아니다. 어느 누구도 결점 없는 신이 될 수 없다. 그런데 우리 주위에는 오점 하나 없는 것처럼 행동하는 사람들이 있다. 그들은 절대 빈틈을 보이지 않는다. 태어나서 실수를 한 번도 안 한 것처럼 말한다.

항상 자신만만한 완벽주의자 윤 책임은 대체 무엇을 가졌기에 저렇게 당당한 것일까? 그도 살면서 좌절할 때가 있을까? 힘들어서 술을 진탕 마시고 무너지고 싶을 때가 있을까? 윤 책임 같은 사람은 어떨 때는 참 인간미가 없어 보인다.

윤 책임의 자녀 역시 완벽하다. 큰아이는 이제까지 부모에게 반항 한번 안 했다고 한다. 건강 해친다고 공부 좀 그만하라고 말리는데도 스스로 공부해서 100점을 받아온다고 자랑한다. 아내는 매일 정성이 가득 담긴 아침밥을 차려주고, 새벽에 들어가도 웃는 얼굴로 반긴다고 한다. 이 모든 게 정말 가능한 일일까? 윤 책임이 전하고자 하는 메시지는 딱 하나다. "난 완벽한 삶을 누리고 있어!"

이렇게 윤 책임 자신이 완벽을 추구하다 보니, 상대방이 작은 실수라도 하는 날이면 난리가 난다. 날카로운 눈빛으로 쥐 잡듯 사람을 잡는다. 잘못을 지적하는 것은 기본이고, 묘하게 기분 나쁜 인격적 공격까지 할 때도 있다. 당하는 사람은 말할 것도 없고 보는 사람마저도 민망하다. 사람마다 잘하는 것과 못하는 것이 있는 법이다. 또 일을 제대로 해내고, 업무에 적응하는 데에는 어느 정도의 시간이 필요하다. 그런데도 윤 책임은 자신이 세상에 태어날 때부터 모든 것을 알고 있었던 것처럼 행동한다.

너무 깨끗한 물에서는 고기가 살 수 없다. 항상 완벽해 보이는 그 앞에서 어느 누가 마음 편히 지낼 수 있을까? 그래서인지 팀원들과 타 부서 직원들은 윤 책임이 실수하는 상황을 은근히 기다린다. 그가 작은 허점이라도 보이는 날에는 사람들이 모여서 수군거린다. "거봐. 내 그럴 줄 알았어. 혼자 완벽한 척은 다 하더니만……." 때로는 상사들조차도 항상 잣대를 들이대는 윤 책임이 부담스럽다는 이야기를 한다.

완벽주의자 윤 책임은 과연 사회생활에서 얼만큼 성공할 수 있을까? 안타깝게도 현실적으로 확률이 그리 높지 않다. 많은 사람이 능력만 있으면 회사에서 출세할 수 있다고 믿는다. 그런데 주변을 돌아보면 그렇지 않을 때가 훨씬 더 많다.

누가 봐도 똑똑하고 일을 잘하는 사람이 임원으로 승진은 못하는 경우가 있다. 그 이유는 정말 다양하다. 사내 정치에서 밀렸을 수도 있고, 운이 안 좋았을 수도 있다. 하지만 무엇보다도 사람이 따르지 않아서 그랬을 가능성이 가장 높다. 그런 경우에 조직은 그를 더 중요한 자리에 올리지 않는다. 타인의 마음을 얻지 못하고 자신만의 능력으로 성과를 내는 사람은 리더의 자격이 없다고 여기는 것이다.

지나친 완벽함은 자신과 타인에게 짐이다

완벽함만을 강조하는 사람들은 점점 스스로를 그 틀 안에 가두어 자기 자신을 힘들게 한다. 지금까지의 이미지 때문에 행동반경은 더 좁아지고 융통성이 없어져 답답해진다. 고민거리가 생겨도 누구에게 하소연 한번 제대로 하지 못한다. 자신은 '완벽한 사람'이어야 하기 때문이다. 하지만 앞서 말했듯 사람은 완벽할 수 없다. 완벽해야 한다는 생각 자체가 잘못이다. 불가능한 것을 추구하다 보면 자신은 피곤해지고, 주위 사람들은 멀어진다.

영국의 정치가 체스터필드Chesterfield 경은 아들에게 이렇게 말했다. "될 수 있으면 다른 사람보다 현명해지도록 해라. 그러나 그것을 상대에게 알려서는 안 된다."

성공한 사람들에게는 독특한 매력이 있다. 물론 전문성을 가지고 자신의 일에 열정적으로 몰입하는 모습이 그들을 성공으로 이끌었을 것이다. 그러나 이것만으로는 부족하다. 성공한 사람들에게는 사람의 마음을 끌어당기는 힘이 있다. 더 많은 연봉을 주겠다는 스카우트 제의를 받더라도 "그분이 이 회사에 있는 한, 나는 그분 밑에서 일하고 싶다"라고 부하직원들이 고백하게 만드는 무언가가 있는 것이다. 그건 다름 아닌 '인간미'다.

완벽주의 상사 밑에서 일하는 팀원들은 두려움을 자주 느낀다. 실수를 했을 때 이를 용납하지 않는 상사 때문에 자주 위축되며 사기가 떨어진다. 팀원들은 유연하게 움직이지 못하고 경직도가 높아진다. 업무를 하면서 실수 한 번 안 해본 사람이 어디 있을까. 보고서 페이지를 잘못 매기는 단순 실수부터, 매출액에서 숫자 0의 개수를 정확히 기입하지 못해 난리가 나는 상황까지 실수의 종류는 다양하다. 철저해 보이는 임원들도 다양한 실수를 저지르며 지금의 자리에 올랐다. 다만, 본인이 그걸 제대로 기억하지 못하고 "난 완벽하게 일처리를 해왔다"고 착각할 뿐이다. 월트 디즈니 컴퍼니의 CEO였던 로버트 아이거 Robert Iger는 "자신과 함께 일하는 사람들이 최상의 결과를 위해 나아갈 수 있다는 믿음을 줘야 합니다. 상황이 나아지지 않으면 끝장이라는 느낌 따위를 전달해서는 안 됩니다"라고 했다.

사람들은 누군가가 일을 잘한다고 해서 감동하지 않는다. 일을 탁월하게 한다고 해서 그 사람에게 내 마음을 선뜻 주지도 않는다. 완벽주의를 버리고 먼저 다른 사람들에게 다가가자. 인간적인 따뜻함이 느껴질 때 비로소 사람들이 다가온다.

감정 솔루션
인간미가 완벽주의를 이긴다

* 작은 실수도 용납하지 못하고 모든 것을 다 알고 있다는 듯 행동하면, 누구도 함께 일하고 싶어 하지 않는다.
* 완벽함을 강요하는 사람들은 자신의 틀 안에 갇히기 쉽다. 시야와 행동 반경이 좁아지고 융통성이 없어지기 때문이다.
* 성공한 사람들은 모든 면에서 완벽했던 사람들이 아니었다. 그들은 자신의 약함을 인정할 줄 알았던 솔직한 사람들이었다는 걸 기억하자.

자신만큼 일 잘하는 사람이 없다고 생각하는 상사

∘ 진단 ∘

완벽주의자들은 본인의 완벽함 때문에 사람들이 자신을 존경한다고 믿는다. 그러나 완벽주의자인 상사와 일하는 부하직원들은 힘들다. 작은 실수도 용납하지 않기 때문에 숨이 막힐 수밖에 없다.

부하직원의 입장에서는 하루에도 몇 번씩 "꼭 이렇게까지 해야 하나요?"를 외치고 싶지만, 상사에게 그런 말을 했다가는 상황만 악화되기 십상이다.

∘ 처방 ∘

일종의 피그말리온 효과를 적용해보자. 피그말리온 효과는 내가 상대방에게 거는 기대가 상대방의 태도와 행동에 영향을 미친다는 심리 이론이다. 완벽한 부모상, 완벽한 전문가상, 완벽한 리더상을 꿈꾸는 완벽주의자는 주위의 기대와 시선을 쉽게 무시하지 못한다. 완벽주의자인 상사가 조금이라도 인간미를 보여주었을 때를 놓치지 말고, 그 부분을 자연스럽게 칭찬해주자.

그리고 칭찬과 더불어 협업에 대한 당신의 기대감을 살짝 얹어 전달해보자. 드라마틱한 수준까지는 아니더라도 상황이 훨씬 더 나아질 수 있다. 회의실에서 일대일로 딱딱하게 전달하기보다는 편한 식사 자리나 사석에서 간접적으로 협업의 의미를 상기시켜주는 것도 방법이다.

○ **이렇게 말해보자** ○

- "팀장님의 업무 역량을 본받고 싶어 하는 팀원들이 많더라고요. 다만, 팀원들이 아직 경험과 능력이 부족해서 팀장님과 일하던 중에 실수할까 봐 걱정들이 많아요. 조금 더 부드럽게 말씀해주시면 팀원들이 더 잘 알아듣고 노력할 거예요."
- "앞으로 책임님은 더 큰 조직, 더 많은 후배들을 이끄실 거예요. 그런데 신입 팀원들과 타 부서 담당자들 중에 책임님을 너무 어렵게 생각하는 사람들이 있더라고요. 책임님께서 더 따뜻하게 다가가주시면, 팀 내 협업이 더 잘될 것 같아요."

"부탁을 거절하면
나를 싫어할 것 같아요"

(**다른 사람의 눈치를 보는 사람**)

서 주임은 직장인 4년 차다. 단 한 번도 다른 사람과 다툼을 일으켜 본 적이 없을 정도로 성품이 온화하다. 존재감이 아주 큰 편은 아니지만 없으면 찾게 되는 그런 사람이다.

서 주임은 항상 바쁘다. 아직 미혼이지만 일이 끝난 후에도 제대로 자신만의 시간을 갖지 못한다. 다른 사람이 힘들어하는 모습을 그냥 지나치지 못하는 성격 탓이다. 퇴근 무렵 누군가 일을 끝내지 못하고 있으면 서 주임은 어김없이 이렇게 묻는다. "아직 일이 안 끝났어요? 제가 좀 도와드릴까요?"

하지만 질문을 하는 서 주임의 표정이 마냥 밝지만은 않다. 먼저 퇴근하기는 미안하고, 그렇다고 도와주기에는 자신의 시간을 너무 빼앗기기 때문이다. 어찌 되었든 상대방은 도와주겠다는 서 주임의 등장이 반갑다.

"정말요? 그럼 이 서류정리 좀 부탁드려도 될까요?"

이런 일이 반복되면서 그는 야근을 하는 날이 많아졌다. 처음에는 도와주면 고마워했던 사람들이 이제는 서 주임이 도와주지 않으면 은근히 서운해한다. 도와주는 게 어느새 너무나 당연한 일이 되어버렸다. 다른 팀원들에게는 그러지 않으면서 유독 서 주임에게만 도움을 기대하게 된 것이다.

서 주임은 거절하지 못하는 사람의 전형적인 모습을 보여준다. 상대방 앞에서 거절하느니 차라리 자신이 힘든 게 더 낫다고 생각한다. 사실 거절을 두려워할 필요는 없다. 그런데도 우리가 거절을 못하는 이유는 "싫다"라고 하면 다른 사람들이 나를 싫어할까 봐 두렵기 때문이다.

여기서 당신이 알아야 할 사실이 있다. 대개 사람들은 대개 별뜻 없이 묻고 말한다. 당신이 거절했다고 해서 그들이 당신을 갑자기 미워하는 일은 별로 없다. 혹시 누군가가 당신의 거절로 당신을 몹시 싫어하게 된다면, 그건 이전부터 그 사람의 마음속에 당신에 대한 못마땅함이 있었을 확률이 높다. 물론 때에 따라서는 매우 절실한 상황이라 간절하게 당신의 도움이 필요할 수 있다. 그런 부탁은 좀 더 신중히 생각한 후에 답해주면 된다.

거절을 잘 못하는 사람들은 상상 속에서 최악으로 치닫는 시나리오를 잘 쓴다. 예를 들어 친구가 "오늘 같이 저녁 식사를 하면 좋겠다"라고 말했다면, 친구의 말 속에 숨은 뜻까지 앞서서 추측한다. '내가 거절하면 저 친구는 본인을 거부했다고 생각하고 기분이 나쁠 거야. 어쩌면 더 이상 나에게 연락을 안 할지도 몰라.' 직장 동료가 "지금 시간 있어요? 괜찮으면 나 좀 도와줄래요?"라고 요청하면 이렇게 생각한다. '일을 도와주지 않으면, 나를 매정한 인간으로 여기겠지.' 직장 후배가 "오늘은 선배가 한턱내세요"라고 장난삼아 한마디 하면, '내가 밥을 안 사면 치사한 선배라고 생각하겠지'라고 생각한다.

남들이 어떻게 생각할지 미리 염려하고 행동할 필요는 없다. 밥 한 끼 먹자는 말을 거절했다고 해서 대번에 몹쓸 인간 취급을 당하지는 않는다. 게다가 사람들이 평소에 내게 하는 부탁의 종류들을 생각해보면, 대개는 사소한 것들이다. 당장 보증을 서달라거나 왕복 여섯 시간 걸리는 지방에 함께 다녀오자는 경우는 별로 없다. 부담 없이 던지는 부탁은 부담 없이 거절하면 된다. 혹여 거절했다는 이유로 누군가 나를 싫어한다면 어차피 나에게 큰 애정이 없는 사람이다. 오히려 상대가 속 좁은 인간이다. 주변 사람들의 요구를 모두 들어주면서 정상적으로 살아가기란 불가능하다. 분별하고 거절할 줄 알아야 한다.

거절한 것에 대해 일일이 변명을 늘어놓을 필요도 없다. "죄송해요"라거나 "미안해"라는 말을 입에 달고 다니면서 구구절절 설명하지 말자. 당신이 그렇게 할 수밖에 없는 이유를 왜 사람들에게 일일이 이야기하고 납득시켜야 할까? 말하고 안 하고는 당신 마음이다. 사람들이 그러한 사정을 시시콜콜 알 권리는 없다. 사실 다 알고 싶어 하지도 않는다. 사람들이 당신에게 어떤 질문을 하든 대답을 할지 안 할지는 당신 마음이다. 당신 자신이 원하는 답만을 말할 권리가 있다. "왜 안 도와주냐?"는 사람들의 질문에 답변하기 난처하면 "오늘은 좀 곤란하네요" 또는 "개인적인 일정이 있어서요"라고 말하면 그뿐이다. 상대가 오해할까 봐 두려워서 변명을 늘어놓으면, 오히려 긁어 부스럼이 될 때가 많다.

자기 자신은 스스로가 통제하는 것이다. 자신의 의지대로 있고 싶은 곳에 있고, 하고 싶은 일을 하고, 하기 싫은 일은 하지 않을 수 있어야 한다. 그런데 상대방의 눈치를 보며 끌려다니면 마음속에 답답함, 억울함, 좌절감과 같은 감정이 쌓이게 된다. 싫은데도 좋다고 말하다 보면 마음이 힘들어진다.

그냥 "No"라고 말한다

옛날 옛날 착한 콩쥐가 살고 있었다. 콩쥐는 착하기 때문에 새엄마가 괴롭혀도, 언니가 연애를 방해해도 '어쩌겠어! 내 엄마와 언니인데'라고 생각하며 견뎌냈다. 새엄마와 언니가 화려한 옷을 입고 잔치에 가면서 일거리를 산더미처럼 던져줘도 "여기 일은 걱정 마시고, 즐겁게 놀다가 오세요" 하고 공손히 인사하며 배웅까지 했다. 콩쥐의 마음은 어땠을까? 콩쥐는 행복했을까?

우리 주위에는 의외로 많은 콩쥐들이 살고 있다. 그들은 억울한 일을 당해도, 공개적으로 무안한 일을 겪어도, 불공평한 대우를 받아도 항의 한마디 제대로 못한다. 그러면서 '이해하자. 일부러 그런 게 아닐 거야' 하며 애써 마음을 다잡는다. 때로는 쓰린 마음을 달래며 스스로에게 주문을 외우기도 한다. "괜찮아. 거절하지 말고 받아주자. 나는 마음이 착한 사람이잖아." 누가 봐도 명명백백 억울한 상황에서도 감정을 꾹꾹 눌러 담는다.

이렇게 착한 콩쥐처럼 행동하는 사람들 중에 마음 한구석에서 불편한 감정을 느끼는 이들도 있다. 분명히 스스로 희생을 자처했는데 시간이 지나면서 자신의 희생을 알아주지 않는 사람들에 대한 원망이 생긴다. 내가 정성을 쏟은 만큼 상대가 나에게 정성을 보이지 않으면 상처를 입는다. 누군가를 도와주었다면 대가를 바라지 말아야 한다. 사람들은 남의 희생을 민감하게 알아채지 못하기 때문에 대가를 기대하게 되면 나만 힘들어질 수 있다. 그래서 내 희생을 알아주지 않는다고 서운해하지 말아야 한다. 상대방이 내 마음을 다 알아주는 것은 불가능한 일이다.

'이 일로 서운해질 수도 있겠다'라고 생각되면 차라리 처음부터 도와주지 말자. 내가 정말 하고 싶을 때만 다른 이를 돕도록 하자. 그 사람을 돕는 것이 즐거울 때 "그래, 도와줄게"라고 말하는 게 맞다. 도와주는 행위 자체에 본인이 기쁨을 느끼니 보상을 이미 받은 셈이다. 그러면 상대방에게 대가를 기대하지 않게 된다.

그런데 이렇게 하려면 한 가지 연습해야 할 것이 있다. "No"라고 말하는 연습이다. 도와주고는 싶지만 본인이 너무 힘들 때, 같이 가자고 조르지만 동행하기 싫을 때, 무언가를 함께하자고 권하지만 내키지 않을 때 "미안하지만 안 되겠다"라고 말하는 연습이 필요하다.

거절에도 타이밍이 있다. 처음에는 "Yes"라고 했다가 나중이 돼서야 "No"라고 말하는 것은 더 힘들다. 상대방이 더 서운해할 수도 있다. 상대방 눈치를 보며 "그래, 그래" 하다가 결국 자신도 수습할 수 없는 상황에 이르러서야 "아무래도 안 되겠다"라고 하면, 상대방은 격분한다. 차라리 처음부터 안 된다고 했더라면 이런 낭패는 보지 않았을 거라며 따진다. 그러므로 애초부터 안 되는 것은 안 된다고 처음에 말해줘야 한다. 그래야 상대방도 큰 기대나 미련을 갖지 않는다.

착한 사람이라고 해서 거절을 안 하는 것은 아니다. 착한 것과 거절을 못하는 것은 별개의 문제다. 엄밀히 보면 거절하는 것도 자기관리 능력이다. 거절을 못해 이리저리 휘둘리게 되면 결국 본인이 했어야 할 일을 못하게 된다. 더 중요하게 처리했어야 할 일의 우선순위를 놓치고, 더 소중히 대해야 할 자신의 감정과 주변 사람들에게 충분한 관심을 쏟지 못한다. 세상을 살면서 모든 요청과 도움에 "Yes"라고 대답할 수는 없다. 그렇게 한다고 해서 상대방이 항상 고마워하는 것도 아니다.

모든 사람에게서 사랑받고 싶다는 환상을 버리자. 모두에게 호감을 얻고 이를 계속 유지하는 건 불가능한 일이다. 성인군자에게도 그들을 싫어하는 반대파는 항상 존재했다. 모든 사람을 행복하게 해주려고 노력하다 보면, 결국 나 자신이 세상에서 가장 불행한 사람이 되고 만다. 내가 불행한데 다른 사람이 행복해지는 게 무슨 의미가 있을까. 내가 있어야 상대가 있는 법이다. 지나치게 눈치 보지 말자. 자신이 행복해야 다른 사람들을 기꺼이 도울 수 있다.

거절하지 못하면 당신이 피곤하다

* 당신이 거절했다고 해서 사람들이 곧바로 등을 돌리거나 비난하지 않는다. 거절에 대해 "죄송해요, 미안해요" 하고 구구절절 변명할 필요도 없다. 이유를 말하고 싶지 않다면 하지 않아도 된다.
* 하고 싶지 않은 것, 원치 않는 일에는 처음부터 "No"라고 거절하자. "Yes"만을 외치다가 어느 순간 당신이 세상에서 가장 불행한 사람이 돼 버릴 수 있다.
* 그 자리를 모면하기 위해 "Yes"라고 해놓고 나중에 못 하겠다고 말하면, 상대방은 더 서운해진다. 거절하려면 처음부터 거절하는 편이 낫다.

부탁을 거절 못해서 업무를 다 떠안는 상사

◦ 진단 ◦

거절할 줄 모르는 유형의 상사와 일하는 팀은 회사 내 온갖 잡다한 업무를 억지로 떠안는 경우가 많다. 분명히 다른 부서에서 해야 하는 일인데 그냥 맡겨주는 대로 일거리를 받아 오는 상사 때문에 팀원들의 고생은 이만저만이 아니다.

◦ 처방 ◦

대부분 이런 성향을 가진 사람들은 마음이 약하고, 감정적으로 대차지 못하다. "어쩌겠어! 다들 못하겠다고 하는데. 회사를 위해서 누군가는 해야 할 일이니, 그냥 우리가 합시다!"라고 한다. 영역을 나눌 수 없어 불분명한 부분을 그레이 영역이라고 하는데, 상사가 이와 같은 그레이 영역의 업무를 거절하지 못해서 계속 가져오는 경우에 문제가 발생한다. 팀원들 입장에서는 핵심 업무에 쏟아야 할 시간과 에너지가 분산되는 것이다. 다른 일들을 하느라 막상 KPI(핵심 성과 지표)를 놓친다. 따라서 이런 유형의 상사에게는 해당 상황에 발생할 수 있는 부정적 영향에 대해서 알려줄 필요가 있다.

- "그레이 영역 업무가 더 많아질 경우, 저희 팀이 우선적으로 달성해야 할 KPI에 문제가 생깁니다."
- "자꾸 다른 일들이 치고 들어오니, 팀원들의 업무 집중도가 떨어져서 진행 속도가 현저히 낮아졌어요."

"열심히 한다고 뭐가 달라지나"

(**일할 의욕을 잃어버린 사람**)

강 팀장은 사무실 밖을 멍하니 바라보았다. 20대였던 때가 엊그제 같은데 벌써 내일모레 오십이다. 내가 언제 나이를 이렇게 먹었던 가. 허무한 기분이 든다.

대학을 졸업하고 회사에 입사할 당시만 해도 그의 꿈은 컸다. 하고 싶은 일도 많았고, 뭐든지 마음만 먹으면 이룰 수 있을 것 같 았다. 그런데 어영부영 한 해, 두 해가 지나고 지금은 손에 쥔 게 아 무것도 없는 것 같은 기분이 든다. 남은 건 회사 다니면서 늘어난 주량과 아침마다 여기저기 쑤시는 몸뚱이뿐인 것 같다.

하지만 그는 지금껏 끊임없이 무언가를 열정적으로 해왔다.

해외 바이어들과 만날 때를 대비해 영어학원도 다녔고, 건강을 챙겨야겠다는 생각에 영양제도 꼬박꼬박 먹었다. 인문교양을 쌓으려고 자신의 회사 CEO 및 대형 서점에서 추천하는 책들은 놓치지 않고 읽었다. 인맥관리를 위해 학교 선후배, 직장 사람들 경조사에 참석해 눈도장도 찍었다.

그런데 지금 강 팀장은 자신에게 남은 게 아무것도 없는 것처럼 느껴진다. 제대로 꿈을 펼쳐보지도 못하고 하루아침에 늙어버린 것 같다. 최근에는 열심히 일해서 뭐하나, 어차피 죽을 인생들인데 하는 허무함이 뼛속까지 사무친다. 하나라도 더 얻겠다고 발버둥치는 동료들이 우습기까지 하다. 열심히 일해서 집을 사면 뭐하나, 제품 한두 개 더 개발하면 뭐하나, 어차피 50년, 100년 지나면 아무도 내 존재를 기억하지 못할 텐데. 일할 마음도 열정도 모두 사라졌다. 팀원들도 그런 강 팀장을 보고 있자니 덩달아 맥이 빠진다.

인생은 원래 허무하다. 허무함은 인생이 가진 속성 중 하나다. 아무리 큰 권력을 가지고 있어도, 재산이 수천억이 넘어도, 시간이 지나면 모든 인간은 똑같이 늙는다. 아무리 많은 것들을 두 손에 움켜쥐고 있어도 결국 인간은 죽는다. 그래서 허무하다.

나이 든 어르신들은 젊은이들이 활기차게 지나가는 것을 보면 아련히 옛 추억에 잠긴다. "나도 저럴 때가 있었는데", "난 저맘때 쟤들보다 더 예뻤지" 한다. 아무리 화려한 영화배우도 딱 30년만 지나면 더 이상 화려하지 않다. 그게 인생이고 그래서 공평하다. 아무리 큰 권력이 있다 해도 그 자리에서 물러나면 끝이다. 대기업의 임원 자리에 있을 때는 시키지 않아도 사람들이 찾아오지만, 퇴직 후에는 찾는 사람이 별로 없다. 어쩔 수 없는 세상의 이치다.

앞으로 당신은 지금까지보다 더 빠른 속도로 늙어갈 것이다. 나이가 들수록 몸으로 느끼는 시간의 속도는 더 빨라진다. 하지만 기억할 것이 있다. 시간이 지나면서 당신은 더 현명해지고, 주위를 돌아볼 줄 아는 안목과 여유를 갖게 된다는 점이다.

사람에게서 답을 찾는다

사람은 죽을 때 대개 유언을 남긴다. 그때 "내가 돈을 100억만 더 벌었더라면" 또는 "내가 박사학위를 땄어야 했는데"라고 말하는 사람은 드물다. 대부분은 "여보, 미안해. 내가 더 잘해줬어야 하는데……"라고 말한다. "애들 어디 있어? 애들이 보고 싶네" 하며 자녀들을 찾는 경우도 많다. 결국은 사람인 것이다. 사람이 사는 이유는 사람 때문이다. 돈도 아니고 권력도 아니고 출세 때문도 아니다. 그래서 살아가는 의미를 찾으려면 사람에게서 찾는 것이 옳다. 그러면 후회도 허무함도 한결 줄어든다.

함께한 시간만큼 가족은 당신보다 당신을 더 잘 알고 있다. 회사에서 힘들었던 마음을 대번에 알아채고 "오늘 외식할까? 좋아하는 거 먹으러 가자. 내가 쏠게" 하며 당신의 팔짱을 끼고 앞장선다. 당신이 우울할 때는 누군가의 방해 없이 혼자 TV를 보고 싶어한다는 것을 알고 자리를 비켜준다. 당신의 낯빛을 보고 오늘 하루 종일 얼마나 마음고생을 했는지 알아주는 친구도 있다.

조직은 삭막한 곳이다. 하지만 회사에 출근하는 것이 즐거워질 수 있다. 일하기 싫은 날에도 당신과 잠시 커피를 마시며 나눌 잡담을 기대하며 회사로 발걸음을 옮기는 팀원들이 있다. 당신과 산책을 즐기는 점심시간, 한가로운 그 기분을 그들은 좋아한다. 당신이 그들에게 '직장 다닐 맛'을 제공하고 있는 것이다. 당신 역시 지금까지 함께 일하며 동고동락해온 선후배들이 있어 든든함을 느낀다. 힘들었던 예전 일들을 나누며 소주 한 잔을 기울일 동료가 있어 위로가 된다. 서로가 있어서 '살아갈 맛'이 나는 거다.

우리는 주변의 소중한 사람들에게 영향을 미치며 산다. 힘들 때 당신이 건넨 한마디 말을 기억하며 이겨내고, 외롭고 쓸쓸할 때마다 당신이 속삭여주었던 용기의 말, 어깨를 두드려주었던 손의 온기, 건네주었던 종이컵 속 커피 향을 기억하며 다시 힘을 내는 누군가가 있다.

요즘 부쩍 허무하고 쓸쓸하다는 생각이 든다면, 나를 잘 알고 이해하는 사람들을 의도적으로 만나보자. 같이 밥 먹고, 영화 보고, 운동하고, 여행을 가자. 허무함을 치료하는 제일 좋은 처방전은 '좋은 사람과 함께하는 것'이다.

감정 솔루션

허무함을 이겨내는 힘 '사람'

* 아무리 큰 권력을 가지고 있어도, 재산이 많아도, 시간이 지나면 모든 인간은 늙어가고 죽음을 맞이한다. 이 불변의 진리 때문에 삶이 허무하게 느껴질 수 있다.
* 인생의 허무함을 줄이고 싶다면 삶의 이유를 돈도, 권력도, 출세도 아닌 '사람'에게서 찾아보자. 함께하다 보면 덧없다는 생각을 덜어낼 수 있다.

일할 의욕을 잃은 허무주의자

◦ 진단 ◦

의욕을 잃은 사람 옆에서 함께 일하는 것은 만만치 않다. 일에 대한 의욕이 없으니 우선 본인의 성과가 날 리가 없다. 스스로 사는 것이 재미가 없으므로 협업도 잘 이루어지지 않는다. 가장 큰 문제는 이런 사람과 오랜 시간 같이 일하다 보면, 주변 사람들도 허무주의에 젖어 들게 된다는 것이다. 감정의 전염성 때문이다. 동료와 가족이 이런 감정을 느끼고 있다면, 한시라도 빨리 벗어날 수 있도록 도와주어야 한다.

◦ 처방 ◦

허무함을 느끼는 당사자가 얼마나 뛰어난 역량을 가지고 있고, 회사에 얼마나 공헌했는지를 말해주는 것은 별 도움이 안 된다. 어차피 시간이 지나면 언젠가는 회사에서 퇴직할 것이고 역량도 사라질 거라고 생각할 확률이 높다. 차라리 당신이 선배와 후배들에게 도움을 줬기 때문에 그들이 잘하고 있다고, 당신의 지원을 잊지 못할 거라고 감사의 마음을 표현해주자. 당신의 삶이 결코 덧없는 것이 아님을 알려주자.

팀원이 가정사로 힘들어할 때 술자리를 마련해서 고민 상담을 해주었던 일, 체한 팀원에게 죽을 사다 주었던 일 등 주변 팀원들이 고맙게 기억하고 있는 구체적인 일들을 틈틈이 상기시키자. 다른 사람이 그에게 얼마나 고마움을 느끼고 있는지 알려주는 것도 방법이다. 내가 없는 자리에서 누군가 나를 칭찬했다는 걸 건네 듣는 것만큼 뿌듯한 일도 없다.

◦　**이렇게 말해보자**　◦

- "김 대리가 아팠을 때, 부장님께서 죽을 사다 주셨던 걸 정말 고마워하더라고요. 덕분에 기운을 낼 수 있었다고 하던걸요."
- "지난주에 술 한 잔 사주시면서 고민 상담을 해주셔서 감사합니다. 최 책임님께 털어놓고 나니 마음이 한결 후련하네요."

"회사 가기 싫어, 회사 가기 싫어, 회사 가기 싫어!"

(회사 가는 게 지겨운 사람)

권 파트장은 아침에 해가 뜨는 것이 세상에서 제일 싫다. 회사에 가야 하기 때문이다. 그는 지금의 회사가 자신과 맞지 않는다고 생각한다. 현재 하고 있는 업무도 딱히 적성에 맞지 않고, 동료들과의 사이도 그저 그렇다. 회사의 정책이나 경영방침도 마음에 들지 않는 데다가 상사는 함께 일하기에 만만치 않은 사람이다. 권 파트장은 '내 몸에 맞지 않는 옷'을 입은 것처럼 현재 상황에 답답함을 느낀다. 언제까지 이 직장을 다녀야 하는지 하루하루가 지루하고 고통스럽다.

그래서 권 파트장은 직장을 옮기려고 시도하고 있다. 틈만 나면 인재채용 사이트에 자신의 이력서를 올려두고 다른 회사에서 스카우트 제의가 들어오기만을 손꼽아 기다린다. 근무 시간 중 모르는 번호로 전화가 걸려 오면 휴대폰을 손에 쥐고 회사 옥상으로 뛰어간다. 혹시 본인을 스카우트하겠다는 전화가 아닐까 마음이 두근거린다.

그는 다른 회사로 이직하기만 하면 인생을 걸고 최선을 다하겠다고 다짐한다. 야근과 주말근무를 자처하며 맡은 프로젝트에서 뛰어난 성과를 낼 자신이 있다. 직장 동료들과 멋진 팀워크를 이룰 각오도 되어 있다. 상사를 제대로 보필하며 부하직원을 이끄는 중간 관리자로서의 역할을 잘 해낼 수 있을 것 같다. 단, 이렇게 하려면 지금의 직장을 떠나야만 한다. 그게 그의 전제조건이다.

누군가는 인생의 깨달음을 얻기 위해 인도로 떠난다. 어떤 사람은 존재의 의미를 찾기 위해 아프리카로 떠난다. 그곳에만 가면 인생이 바뀔 것이라고 기대한다. 하지만 막상 떠난 그 여행지에는 그리 특별한 것이 없다. 그저 인도에는 인도 사람들이 살고 있는 풍경이, 아프리카에는 자연과 동물, 현지인들이 살아가는 모습이 있을 뿐이다.

사람들이 착각하는 것이 바로 이 부분이다. '거기에 가기만 하면 뭔가 얻을 수 있을 텐데' 또는 '그곳에 다녀오면 그때부터는 뭔가 달라질 텐데' 하는 생각 말이다. 존재의 의미를 알기 위해, 놀라운 깨달음을 얻기 위해 어디론가 훌쩍 떠나는 일은 듣기에는 매우 낭만적이다. 행동으로 옮기지 못하는 주변 사람들에게 부러움의 대상이 된다. 그러나 먼 곳으로 떠난다고 해서 기대처럼 인생이 바뀌지는 않는다. 물론 여행을 통해 마음의 경지를 넓히고 영감을 얻을 수는 있다. 그러나 내가 살아가는 터전을 떠나 낯선 곳에서 얻게 되는 것들은 다소 추상적이다. 그렇기 때문에 현실로 돌아왔을 때 실천에 옮길 수 있는 게 많지 않다. 여행지에서 얻은 감동과 깨달음 그리고 현실 사이에는 차이가 있기 때문이다.

직장과 관련해서도 대부분 착각을 한다. 새로운 직장으로 옮기면 적성에 맞는 핵심 업무를 맡게 되고, 지금까지 느껴보지 못했던 업무에 대한 열정까지 생길 것이라고 철석같이 믿는 것이다. 또 지금의 쫀쫀한 상사와는 비교도 안 되는 포용력 있는 진짜 리더를 만날 것이라고 기대한다. 하지만 나의 본질이 바뀌지 않는 한, 동일한 상황은 계속 되풀이된다.

"내가 그 회사만 들어가게 된다면 정말 열심히 일해볼 텐데", "승진만 시켜주면 충성을 다할 텐데", "월급만 올려주면 내 일처럼 밤낮없이 일할 텐데" 하고 푸념한다고 해서 현실적으로 바뀌는 것은 없다. "심는 대로 거둔다"라는 속담을 기억해야 한다. 가슴 아픈 말이기는 하지만, 지금 자신의 자리에서 최선을 다하지 않으면서 다른 자리로의 멋진 도약을 꿈꾸는 것은 헛되다. 모든 것은 현재와 연결되어 있기 때문이다. 지금 맡은 업무와 위치를 건너뛰어 단번에 올라갈 수 있는 높은 곳은 없다.

지금 하고 있는 일이 무엇이든 상관없다. 보기에 따라 하찮게 느껴지는 일도 마찬가지다. 하나를 보면 열을 알 수 있다는 말처럼 지금 당신이 맡은 그 일을 열심히 하면 결국 주위의 누군가는 그 사실을 반드시 알게 된다. 당신이 일을 제대로 해낼 때 낮의 새와 밤의 쥐들이 보고 듣고 당신의 평판을 만든다. 그러면 회사는 책임감 있는 담당자가 필요할 때 당신을 지명할 것이다. 반대로 현재의 업무를 등한시하면 당신에 대한 부정적인 평판은 어느 틈엔가 회사 내부와 외부, 모두에게 공유된다.

게다가 당신이 회사 가기를 싫어할 때 나타나는 가장 큰 위험은 당신의 감정이 누수된다는 점이다. 마치 파이프에서 물이나 증기가 새어나가듯이, 당신의 지겨운 감정이 주변 사람들에게 새어나간다. 당신이 회사와 업무, 상사, 동료들에게 느끼고 있는 감정이 그들에게 고스란히 전달된다. 당신의 눈빛, 손짓, 사소한 행동에서 '난 이 회사가 싫다' 또는 '난 당신들이 지겹다'라는 걸 바로 들킨다. 위험한 일이다.

그러니 지금 맡은 일이 하찮고 사소하다고 속상해하지 말자. 입사 첫날부터 회사의 핵심 프로젝트를 맡는 사람은 없다. 당신이 있는 그 자리에서 당신의 일을 통해 최고가 될 때, 의도하든 의도하지 않든 업계 내 스카우트 대상 1순위로 떠오를 것이다.

회사를 바꾸기 전에, 당신을 바꿔라

특정 직종이나 업무가 매력적일 거라는 막연한 생각으로 열정을 가지고 덤벼들었다가 시간이 조금 지나 흐지부지해지는 경우들이 있다. 처음에는 강하게 끌렸던 업무가 조금 시간이 지났다고 다르게 보이기도 한다. 빨리 달궈진 냄비가 빨리 식는 것과 같다. 첫눈에 반한 사랑이 금방 시들해지는 것과 같은 이치다. 기대가 컸던만큼 실망도 크다.

사람들은 마치 첫사랑에 빠지듯 자신의 일과 사랑에 빠지기를 기대한다. 업무를 접한 순간 열정이 솟구칠 거라고 생각한다. 그러나 실제로 열정을 가지고 자신의 일을 하는 전문가들에게 물어보면 그 반대인 경우가 많다. 별 생각없이 시작했는데 하다 보니 재미있는 부분이 보이고, 그래서 집중적으로 하다 보니 성과를 내서,

어느 순간 그 분야의 전문가가 되었다는 것이다. 누군가는 열심히 해보고 싶어도 도무지 열정이 생기지 않는다고 말한다. 그렇다면 방법을 바꿔보자.

기분 좋게 회사에 출근하고 싶다면, 먼저 회사에서 당신이 할 수 있는 만큼 열심을 보이자. 조금만 더 적극적으로 동료들과 대화를 나누고, 지저분한 책상도 말끔하게 정리해보고, 업무를 꼼꼼히 챙겨보고, 시켜서가 아니라 자발적으로 무엇이든 시작해보자. 직장인이라면 누구나 유사한 경험이 있을 것이다. 열심히 하다 보면 은근히 재미있어진다.

경험해본 사람들은 안다. 골프가 재미있어질 때는 공을 치는 법을 막 알게 된 후부터다. 이때부터 재미가 붙는다. 그전까지는 재미없는 골프를 사람들이 왜 그렇게까지 하고 싶어 할까 이해가 안 된다. 그러나 공을 치는 법을 알고 난 후에는 방에 누워도, 운전을 할 때도 자꾸 골프만 생각난다.

영어 공부가 재미있어질 때는 언제일까? 영어 공부를 시작한 후 어느 순간 CNN 뉴스에서 단어 한두 개를 알아듣기 시작했을 때부터다. 무슨 말을 하는지 전혀 들리지 않다가 어느 날 갑자기 귀가 트인 것처럼 조금씩 들리면 환희를 느끼게 된다. 그때부터는 누가 시키지 않아도 알아서 공부한다.

일단 몸을 움직여 시도해보자. 만약 당신이 지금 하고 있는 업무가 있다면, 그 일에 몸을 충분히 담가보자. 처음에는 발목, 그 다음에는 허벅지, 그리고 허리까지 담가보자. 발가락만 넣고서 "이일은 나랑 안 맞아. 열정이 생기지 않잖아"라고 섣불리 말하지 말자. 열정이라는 감정이 어느 날 갑자기 생길 수는 없다. 준비가 되지 않은 상태에서 어영부영 시작했다고 해도 괜찮다. 제대로 맛을 본 후 이 일이 당신에게 천직인지 아닌지를 판단해도 늦지 않다.

감정 솔루션

지루할 때는 딱 일주일만 몰두해보자

* 나를 전적으로 믿어주는 상사, 믿고 따르는 후배, 지원을 아끼지 않는 동료, 적성에 딱 맞는 업무, 높은 연봉과 쾌적한 근무조건 등을 완벽하게 갖춘 회사는 이 세상에 없다. 하나가 충족되면, 또 다른 것이 결핍되기 마련이다.

* 속는 셈치고 일주일만, 길게는 한 달만, 지금 하는 일에 열정적으로 몰입해보자. 의외로 '어? 할 만하네!', '나름 적성에 맞는 부분도 있는데?' 싶을 수도 있다. 재미를 붙이는 데도 시간이 필요한 법이다.

* 꾹 참고 일정 기간 몰입해봤지만 진짜 이 길은 아니라는 생각이 들면, 그때 다른 선택지를 고민해보면 된다.

회사 다니기 싫어하는 팀원

◦ 진단 ◦

회사에 대한 불만을 쏟아놓으며 힘들어하는 사람이 곁에 있다면, 당신도 곧 그렇게 될 확률이 높다. 앞서 이야기한 것처럼 감정은 전염성이 높다. 특히 부정적인 감정의 경우는 함께 지내는 시간이 길수록 금세 옮는다. 이직하고 싶다고 표현하는 사람들 중에는 습관적으로 그러한 말을 하는 경우도 있다. "회사가 지겹다", "일을 그만두고 싶다"라는 말을 입에 달고 사는 사람들과는 거리를 두는 편이 좋다.

◦ 처방 ◦

객관적으로 볼 때, 현재 해당 팀원이 처한 상황이 진짜 힘든 상황이라면 위로가 급선무다. 하지만 본인은 노력하지 않으면서 불평거리를 찾는 동료가 있다면, 그와는 친하게 지내지 않는 편이 낫다. 노력 없이 좋은 조건을 바라는 건 위험한 성향이다.

◦ 이렇게 말해보자 ◦

- "현재 회사에서 실적을 올려야 다른 회사에 좋은 조건으로 이직할

수 있는 거잖아요. 그러니까 일단 지금은 눈앞의 업무에 좀 더 집중하는 게 어때요?”

- “주변 사람들에게 자꾸 불평하다 보면, 인사부나 상사의 귀에 들어갈 수도 있어요. 이직하기도 전에 괜히 소문만 안 좋아져요.”

"난 왜 이렇게 잘하는 게 많을까?"

(**자기 자랑 때문에 미움받는 사람**)

세상에서 가장 듣기 좋은 말은 무얼까? 사람마다 다르겠지만, 어찌 보면 '본인의 이름'이 가장 듣기 좋은 말이 될 수 있다. 내가 가장 관심 있는 대상이 바로 자기 자신이기 때문이다. 그래서 사람들은 누군가의 이야기를 들어주기보다는 자신의 이야기를 더 많이 하고 싶어 한다. "난 이 음식이 좋더라.", "예전에 내가 거기 가봤는데…….", "요즘 내가 힘든 이유가……." 자신에 대해 이야기할 때 사람들은 말이 길어지면서 대화에 집중한다. 그리고 사람들은 누군가가 스스로를 드러내며 자화자찬하는 상황을 오랫동안 참아주는 걸 힘들어한다. 설령 그 내용이 객관적인 사실이라 하더라도 괜히 고깝게 여길 때도 있다.

정 주임은 본인 자랑을 자주 한다. "요즘 바쁘지?" 하고 임원이 의례적으로 물으면, 대부분의 사람들은 "아닙니다"라거나 "예, 요즘 좀 바쁩니다" 정도로 간단히 대답한다. 그런데 정 주임은 "네, 많이 바쁘네요. 요즘 새로 시작한 게 있어서요"라고 말을 덧붙인다. 그러면 임원이 다시 묻는다. "뭘 새로 시작했나 봐요?" "예, 영어를 잘하면 업무에 도움이 될 것 같아서 학원을 끊었습니다. 새벽에 영어학원 갔다가 출근합니다." 임원은 정 주임을 대견한 듯 바라본다. "열심이네요. 업무만으로도 피곤할 텐데." "아닙니다! 피곤하긴요. 당연한 일인걸요."

동료들이 슬쩍 정 주임을 흘겨본다. 잘 지내냐는 임원의 질문에 정 주임처럼 대답하지 못한 자신들이 마음에 안 드는 눈치다. 한편으로는 자신을 내세울 기회는 절대 놓치지 않는 정 주임이 얄밉기만 하다.

점심 식사를 마치고 삼삼오오 모여 커피를 마시던 중, 정 주임이 이야기를 꺼낸다.

"아, 이번 주말에 피곤하게 됐어."

"왜? 애들 데리고 어디 놀러 가?"

정 주임은 매우 귀찮은 일이라는 듯 말한다.

"아는 분이 원고를 한 편 써달라고 부탁한 게 있어서. 부담스러운데 거절하면 안 된다고 그분이 난리를 치셔서……."

동료들은 입 밖으로 표현은 못 하고 속으로 생각한다.

'꼭 저렇게 잘난 척을 한다니까. 부담되면 안 쓰면 될 거 아냐!'

사람들은 모두 잘났다. 가진 재산이 하나도 없고 무언가 배운 게 없어도 자랑할 거리는 모두 한 보따리씩 가지고 있다. 자신과 관련된 자랑거리가 없으면 부모, 자녀, 친척, 하다못해 기르고 있는 강아지에 대한 자랑도 마음만 먹으면 얼마든지 할 수 있다.

물론 직장에서 스스로의 역량을 적절히 알리는 건 필요하다. 임원 산하에 팀원들은 많으니, 상사는 누가 얼마나 잘하고 있는지를 모를 때가 의외로 많다. 팀원들에게 관심이 없어서가 아니라, 절대적 시간이 부족하기 때문이다. 그래서 적절한 시기에 본인의 노력과 성과를 알리는 건 나쁜 게 아니다. 자랑할 것이 있으면 자랑해야 한다. 회사에 입사한 모든 직원이 똑같은 인정을 받는 게 아니라, 한정된 일부만이 승진하고 연봉을 올리고 보상을 받기 때문이다.

그런데 이때, 조심해야 할 점이 있다. 자랑에도 섬세한 기술이 필요하다. 혹시 부모나 자녀의 자랑을 신나게 하고 있을 때 이를 듣고 있는 사람들의 얼굴을 유심히 본 적이 있는가? 그렇다면 그 애매한 분위기를 바로 눈치챘을 거다. 귀여운 손자, 손녀를 둔 할아버지와 할머니들이 계신다고 치자. 대개 그분들은 친구들 모임에서 손주 자랑을 참지 못한다.

"내 말 좀 들어봐요. 어제 큰손주가 탁자를 짚으면서 한 걸음씩 걸음마를 하는 거예요. 얼마나 대견한지, 원."

사실 그맘때의 거의 모든 아이들이 걸음마를 한다. 설사 일정 시기에 걸음마를 시작하지 못한다고 해도, 예외적인 상황이 아닌 한 대부분의 아기들은 걷게 된다. 하지만 할아버지, 할머니 눈에는 이게 보통 사건이 아니다. 이 세상에서 자신의 손주를 가장 뛰어난 아이라고 여긴다. 그렇기 때문에 침 튀기며 자랑을 한다. 하지만 그 얘기를 듣는 입장에서는 지루하다. "다른 아기들도 다 그래요" 라고 말하고 싶지만 애써 눌러 참는다.

개인 모임에서는 서로 간 친분을 고려해서 참아줄 수 있다. 하지만 직장에서의 섣부른 자기 자랑은 더 부정적인 영향을 미친다. 듣는 동료, 부하직원들은 하나같이 이런 생각을 한다. '그래, 너 잘났다!', '이런 사람은 같이 프로젝트를 하고 나서도, 본인 덕분에 좋은 성과가 나왔다고 하겠는데?'

차라리 자랑하지 않느니만 못한 상황이 된다. 자랑을 하는 의도는 난 이러이러한 사람이니, 나와 잘 지내보자는 의도를 전달하는 것이다. 상대방에게 호감을 얻고 싶은 마음이 큰 거다. 그런데 상대방이 오히려 내게 반감을 갖거나 거부감을 느낀다면 오히려 역효과다.

거부감 없는 현명한 자랑법

매사에 돌다리도 두드려보고 가는 신중한 성격의 소유자가 있다고 가정해보자. 그런데 지나치게 오랫동안 정보수집만 하고 분석을 거듭하다 보면 실행해야 할 시기를 놓쳐서 업무에 차질을 줄 수 있다. 신중하다는 장점이 바로 그 사람의 치명적인 단점으로 바뀌는 순간이다. 장점이 지나치면 단점이 되기도 한다. 그래서 자신의 장점을 남들 앞에서 드러낼 때는 각별한 주의가 필요하다. 자랑을 할 때도 요령이 필요한 것이다.

자신의 장점을 상대방에게 효과적으로 알리고 싶다면 이렇게 해보자. '절반의 거짓말 기법'을 활용하는 것이다. 거짓말에는 몇 가지 종류가 있다. 그중에서 '절반의 거짓말'은 말하는 내용의 절반은 사실을 말하고 나머지 절반은 거짓을 말하는 거다. 범죄를 저지른 지능범들이 수사망을 애매하게 피해 갈 때 자주 쓰는 방법 중 하나다. "제가 그 집에 들어간 것은 맞습니다. 하지만 집에 사람이 있을 거라고는 생각하지 못했습니다"라는 식이다. 부정을 저지른 정치인들도 비슷하게 말하는 걸 들어본 적이 있을 것이다. "돈을 받은 것은 사실입니다만, 그 돈이 뇌물인 줄은 몰랐습니다." 이런 절반의 거짓말 수법은 때로 거짓말 탐지기까지 피해 간다. 50퍼센트는 거짓이지만 50퍼센트는 진짜여서 거짓말 탐지기가 정확하게 진위를 가려내기 쉽지 않다.

자랑도 비슷하다. 이게 지금 자랑을 하는 건지 아닌지를 애매하게 말하면 듣는 사람의 거부감을 줄일 수 있다. 내용의 절반은 자신이 잘한 부분이나 강점을 말하되, 부족한 부분도 함께 이야기한다. 예를 들면, 치명적이지 않은 자신의 사소한 습관이나 개선점으로 대화를 시작한다. 이때 언급하는 단점으로는 회사 업무를 진행할 때나 인간적인 면에서 치명적이지 않은 사소한 것들이 좋다.

신기하게도 사람들은 누군가가 자신의 부족한 면을 이야기하면 마음을 쉽게 연다. 사람은 스스로에 대해 마음에 안 드는 구석이 반드시 한두 개씩은 있기 때문이다. 그런데 상대방에게도 그런 고민이 있다는 걸 알게 되면, 마음이 한결 편안해진다. 상대방의 방어심이 풀어지면 이때 은근한 자랑을 덧붙이자. 이를테면 "제가 낯을 좀 가리는 편이에요. 학교 다닐 때도 부끄러움이 많아서 반장 선거에 나가본 적이 없어요. 그런데 이번에 사내 프레젠테이션 대상을 받게 돼서 저도 의외였어요. 반복 연습이 최고인 것 같아요"라고 하는 것이다. 자신의 낯가림에 대한 고민을 털어놓으면서 동시에 목표를 가지고 꾸준히 발표 연습을 했다는 점을 부각시켰다. 이 이야기를 들은 사람은 "이 사람이 자신의 단점을 극복하려고 노력을 많이 했네. 결국 해낸 걸 보면, 목표 의식이 있는데?"라는 생각이 자연스럽게 든다.

자녀자랑을 하고 싶다면, 이렇게 해보자. "제 아들 녀석이 글짓기에는 영 소질이 없더니만, 얼마 전 수학경시대회에서는 상을 받아왔더라고요. 수학이라도 잘하니 다행이지요"와 같은 식으로 말이다. 내 아들은 뭐든지 잘한다는 뉘앙스가 아니니, 거부감이 덜하다.

세상 사람들은 인간이 완벽할 수 없다는 사실을 이미 알고 있다. 아무리 프레젠테이션을 잘하고, 수학경시대회에서 1등을 해도 그 사람에게 숨은 단점이 있다는 것을 안다. 사소한 단점들은 그다지 흉이 되지 않으니 현명하게 활용하자. 매번 절묘한 타이밍에 능숙하게 자기 자랑을 하는 정 주임을 부러워할 필요는 없다. 자랑할 수 있는 기회가 주어져도 약삭빠르게 대답을 해내지 못한다고 잠자리에서 본인을 구박하지 말자. 적나라한 자기 자랑은 오히려 사람들의 반감만 사게 된다. 내 말을 듣는 상대방의 감정을 헤아려가며 자랑하는 것이 제대로 된 자랑이다.

감정 솔루션

자랑은 겸손을 섞어 현명하게 하라

★ 우선 자신의 사소한 개선점이나 스스로에게 아쉬운 점을 말하며 대화를 시작해보자. 상대방의 반감이 자연스럽게 줄어든다.

★ 그런 후, 자랑하고 싶은 부분을 이야기해보자. "제가 보고서 작성 요령이 좀 없어서 입사 초기에 고생을 많이 했거든요. 그런데 이번에 상무님께 드린 보고서를 잘 썼다고 칭찬받았어요. 의외였죠. 팀장님께서 계속 지도해주신 부분이 큰 도움이 됐습니다!" 본인 자랑도 하면서 상사의 도움에 감사한 마음마저 전달했으니 현명하다.

틈만 나면 자기 자랑하는 동료

◦ 진단 ◦

자기 자랑이 입에 붙은 사람들이 있다. 이들은 자기 자랑은 물론이고 재산, 자식, 집안, 능력 등에 대해 입이 마르도록 자랑을 해댄다. 들어주는 것도 하루 이틀이지, 매번 듣고 있으면 짜증이 날 수밖에 없다.

◦ 처방 ◦

노골적으로 면박을 주거나 "그만 좀 해!"라고 말하면 상대가 민망해하거나 반감을 가질 수 있다. 이럴 때는 말이 아닌 몸짓 언어로 어색함과 불편함을 표현해보자. 이를테면 상대가 끝없이 자기 자랑을 하는 동안 다른 곳을 바라본다. 주변을 둘러보며 집중을 못하는 태도를 보인다. 복도를 지나가는 사람을 보거나, 주위 풍경을 천천히 둘러보는 등 흥미 있는 주제가 아니라서 집중이 안 된다는 느낌만 전달한다. 이야기를 듣는 중 고개를 끄덕이지 않는 것으로 공감을 표현하지 않는 방법도 효과적이다. 다만, 시계를 보는 것처럼 너무 직접적인 행동은 피하도록 하자. 자기 자랑이 끝나고 새로운 화제로 넘어가면 그때부터는 관심을 보여준다. 눈을 자주 맞추고 열심히 고개를 끄덕인다. 아무리 둔한 사람도 이 정도의 반응이면 당신이 어떤 이슈를 선호하는지 알아차릴 것이다.

- "주임님은 못하시는 게 없어 보여요. 사실 그래서 다가가기 어렵게 느껴질 때도 있어요. 그러다 보니 업무적으로 힘들 때 조언을 구하기가 힘들어요."

- 이야기를 듣다가 먼저 화제를 돌리는 것도 방법이 될 수 있다. "아 참! 잊을뻔했네요. 매니저님, 지난번에 말씀드렸던 건에 대해서 말인데요" 하고 다른 대화 주제를 꺼내보자.

"새로운 일도, 새로운 사람도 모두 두려워요"

(**변화가 두려운 사람**)

어릴 적 우리는 위인전을 읽고 자랐다. 책 속 위인들은 여러 가지 공통점들을 가지고 있다. 그중에서도 가장 두드러지는 특징은 자신의 목표를 달성하기 위해 과감하게 도전을 시도하는 점이다. 그들에게 두려움 따위는 없는 듯하다. 꿈을 실현하는 데에 도움이 되는 사람이라면 태평양을 건너서라도 만나고야 말고, 배워야 하는 기술이 있으면 수단과 방법을 가리지 않고 뛰어든다. 그런 위인들을 보다 보면 어느새 지금의 내 모습과 비교하게 되고, 나아가 위축되고 만다. "역시 위인들은 달라. 그렇지 못한 나는 그저 그런 소시민으로 사는 거지." 이런 생각이 들면서 자신이 어쩐지 그릇이

작은 사람처럼 느껴진다.

미국 정계에서 변호사로 활동하는 토마스 A. 슈웨이크 Thomas A. Schweich 는 빌 클린턴 전 대통령과 사우스웨스트 항공사의 CEO 등 세계적으로 성공한 100인을 인터뷰했다. 그는 100인에게 "당신은 일을 하면서 두려움을 느껴본 적이 있습니까?"라는 질문을 던졌다. 질문에 얼마나 많은 사람이 "그렇다"라고 대답했을까? 결과는 의외였다. 100명 중 80명이 두려움을 느낀다고 답한 것이다.

대개 우리는 자신의 분야에서 성공한 사람들이 변화 앞에서 두려움 없이 앞으로 전진할 것이라고 생각한다. 실제로 그들은 자신의 업무나 삶의 방향에 대해 엄청난 확신을 가지고 움직이는 것처럼 보인다. 하지만 인터뷰 결과에서도 드러나듯 이들 역시 일을 하면서 매번 실패를 걱정한다. 그러니 만일 당신이 지금 새로운 일을 시작하여 불안해하거나 맡은 업무를 잘 수행할 수 있을까 걱정하고 있다면 그건 너무나 당연한 거다. 유독 당신이 나약해서 그런 게 아니다.

누군가 변화를 마주했을 때 한 번도 두려움을 느끼거나 걱정해본 적이 없다고 말한다면, 그건 거짓말이다. 아무리 자신감이 있는 상태고 좋아하는 일을 한다고 해도 업무를 추진하면서 겪는 다양한 변화 앞에서 인간은 두려움과 걱정을 느낄 수밖에 없다.

겉으로는 당당해 보이는 사람도 속을 들여다보면 생각이 복잡할 때가 많다. 그들도 사람이기에 어쩔 수 없이 두려움, 자격지심, 소심함을 느낀다. 오히려 당당해 보이는 사람들이 당신을 보며 상대적인 위축감이나 부러움, 열등감을 키우고 있을 수도 있다.

누구에게나 '처음'은 어렵다

어떤 사람들은 새로운 사람을 만나는 자리를 두려워한다. 새로운 사람을 만나기 전 느껴지는 긴장감이 싫어서 일부러 자리를 피한다. 그러나 그들뿐 아니라, 아무리 친구 사귀기를 즐기는 사람일지라도 새로운 사람을 만날 때는 긴장할 수밖에 없다. 어떤 성향의 사람일까, 나와 성격이 맞을까, 나를 어떻게 평가할까 등 여러 가지 생각을 하기 마련이다. 이는 지극히 자연스러운 현상이다.

한편 아무리 낯을 가리는 사람이라도 마음 한구석에는 '새로 만나게 될 사람이 어떤 사람일까' 하는 호기심과 설렘은 있다. 다만, 긴장감과 설렘 두 가지 감정 중에 어느 쪽이 승리하느냐에 따라 행동이 달라진다. 새로운 사람을 만나느냐 아니냐는 어떤 감정에 더 무게감이 실리느냐에 달려 있는 것이다.

새롭고 낯선 환경에 대해 두려움을 갖는 사람들도 있다. 이들은 여행을 그다지 좋아하지 않고 편안한 내 집, 익숙한 골목길, 몸에 익은 내 베개와 침대를 떠나고 싶어 하지 않는다. 그래서 늘 가는 곳에만 간다. 술을 마시러 가거나 커피를 마실 때도 나만의 '아지트'에만 들른다. 익숙한 장소들을 미리 만들어두고 누군가를 만날 때는 거기서 만난다. 그래야 마음이 편안하다.

당신만 두려워하는 게 아니다. 세상 모든 사람들이 다 무언가를 두려워하며 산다. 자신의 업무에 대해, 가족들에 대해, 직장 동료들에 대해, 자신의 불투명한 미래에 대해 염려하고 근심한다. 그러니 나만 변화에 제대로 적응하지 못한다고 생각지 말자. 어렸을 때는 어른들을 보며 "어른이 되면 뭐든지 잘할 수 있을 거야" 또는 "어른이 되면 그런 것쯤은 다 알게 될 거야"라고 여겼다. 그런데 어른이 된 후에도 여전히 모르는 것투성이고, 실수하는 것투성이다.

직장에서도 마찬가지다. 직원들은 '임원이 되면 그 정도 의사결정은 식은 죽 먹기일 거야' 또는 '한 기업의 CEO가 그 정도로 흔들리지는 않겠지'라고 생각한다. 그러나 기대와는 달리 우리나라 기업뿐 아니라 세계적인 회사의 임원들과 CEO, 전 세계의 대통령들은 100퍼센트 완벽한 의사결정을 내리지 못한다. 그들 역시 무언가를 결정할 때마다 자신의 생각이 옳은지 우왕좌왕하며 고민하고 자신이 제대로 나아가고 있는지 누군가 말해줬으면 좋겠다고 생각한다. 다만 지속적으로 경험이 쌓이다 보면 처음에 가졌던 두려움은 점차 희석되고, 경험에서 얻은 지혜를 활용할 수 있는 역량을 갖게 된다. 그러면서 사람들이 존경하는 리더의 모습을 갖춰나가는 것이다.

새로운 사람, 새로운 장소, 새로운 업무, 새로운 직장, 새로운 출발을 무조건 두려워할 필요는 없다. 완벽한 시작이란 애초부터 없다. 100퍼센트 완벽하게 멋진 모습을 사람들에게 보여주고 싶겠지만 그것은 불가능하다. 새로 맡은 업무를 100퍼센트 완벽하게 수행해서 하루라도 빨리 인정을 받고 싶은 마음이 있겠지만, 그것 역시 불가능하다. 변화에 적응해서 결과물을 만들어내려면, 일단 적응이 우선이다. 적응되지 않은 상태에서 즉시 성과를 내는 건 현실적으로 어렵다. 게다가 당신은 자신의 업무처리가 100퍼센트 완벽했다고 생각할지 모르지만 상사의 생각은 다를 수 있다. 결과를 바라보는 눈이 사람마다 다르기 때문이다. 한편 나는 제대로 적응을 못하고 있고 회사가 원하는 기준에 턱없이 부족하다고 생각할 수 있지만, 상대방의 눈에는 당신이 좋은 인재로 보일 수도 있다.

많은 사람이 항상 자신의 부족한 면을 먼저 떠올린다. 그래서 평생을 완벽해 보이는 누군가를 부러워하며 살아간다. 문제는 나만 못났다고 생각하는 데에 있다. 그런 생각은 당신만 하는 게 아니다. 찔러도 피 한 방울 나올 것 같지 않은 완벽주의 상사도, 개성 강한 신입직원도, 나보다 능력 있어 보이는 입사 동기도 다 똑같다.

변화 울렁증을 극복하는 법

✱ 세상 모든 사람들, 심지어 성공한 CEO조차도 변화를 두려워한다. 나만 변화를 두려워하며 사는 게 아니다.

✱ 변화가 두려운 건 새로운 환경과 대상에 제대로 적응하지 못하고 실패할까 봐 걱정되기 때문이다. 하지만 처음부터 완벽하게 시작할 수 있는 사람은 아무도 없다. 아기가 걸음마를 위해 첫발을 떼듯이, 모든 변화는 시작 단계를 거쳐야 한다. 완벽한 시작은 이 세상에 없다.

변화를 두려워하는 팀원

○ 진단 ○

변화는 말처럼 쉽지 않다. 만일 당신의 팀에 변화가 생겼고, 함께 일하는 팀원들이 잘 적응하도록 이끌어야 한다면 어떻게 하는 게 좋을까? 어떻게 팀원들의 거부감을 줄여줄 수 있을까? 어떤 방법으로 불투명한 상황에 대한 두려움을 줄여줄 수 있을까?

○ 처방 ○

두 가지 방법을 활용해보자. 우선 첫째로, 당신조차도 새로운 변화가 부담스럽다고 말해주자. 팀원들이 못나서 변화를 거부하는 것이 아니라, 실은 리더인 당신도 똑같이 이번 변화가 부담스럽다고 속마음을 보여준다. 당신부터 변화에 대한 솔직한 마음을 표현하면, 그게 뭐가 되었든 무조건 반대만 하고 싶었던 팀원들의 마음이 조금씩 열리기 시작한다.

둘째, 어떤 내용이 어떻게 변화할 것인지 그 내용을 구체적으로 말해준다. 사람들은 막연한 상황, 애매모호한 내용을 훨씬 더 무서워한다. 막상 알고 나면 별일이 아닌데 알기 전까지는 온갖 부정적인 상상을 하며 괴로워한다. 마치 주사를 맞으려고 기다리는데 주사실에서 들려오는 타인의 비명소리를 들었을 때 더 공포스러운 것처럼, 닥치지 않은 상황이 더 불안하다. 근거 없는 소문들이 회사 내에 떠돌기도 한다. 따라서 정확히 무엇이 어떻게 바뀔 것이며, 직원들에게 어떤 영향이 미칠지를 투명하게 알려준다.

◦ **이렇게 말해보자** ◦

- "팀장인 나 역시도 이번 변화가 당황스러워요. 하지만 우리가 머리를 맞대고 함께 고민하고 논의한다면 더 좋은 방법을 찾을 수 있을 거라고 믿어요."
- "현재 우리 팀 업무의 30퍼센트 정도가 새롭게 바뀔 예정입니다. 당장 급하게 바뀌는 것은 아니고 약 1~2년 동안 천천히 변화가 이루어질 예정입니다. 이에 대해 궁금한 점이 있으면, 언제든 편하게 질문해줘요."

"너, 지금 나 무시하는 거 맞지?"

(**열등감에 사로잡힌 사람**)

"부장님! 글쎄 그게 아니라니까요."

옥 대리가 난감한 표정으로 어쩔 줄 몰라 하며 서 있다.

"아니긴 뭐가 아냐. 옥 대리, 너 지금 나보다 배운 거 많다고 나무시하는 거냐?"

"부장님, 진짜 왜 그러세요. 요즘 트렌드가 그렇다고 말씀드린 것뿐인데요."

조 부장은 옥 대리의 말을 듣지 않고 손을 휘휘 내젓는다.

"됐어, 가봐."

석사 출신의 옥 대리가 조 부장 팀으로 발령받은 것은 두 달 전이었다. 회사 내에서 조 부장은 젊은 팀원들에게 인기가 좋았다. 점심시간에 회사 근처 식당에서 만나기라도 하면 대신 밥값을 내 주기도 했고, 아무리 바빠도 경조사에 참석해서 성의를 보이고는 했다. 옥 대리가 조 부장 부서로 발령이 났을 때, 주변 팀원들이 다들 부러워할 정도였다.

그런데 부서를 옮긴 지 두 달쯤 되었을 때 같은 부서에 있던 팀 원들이 하는 이야기를 우연히 듣게 되었다.

"그러니까 조 부장님한테 결재 올릴 때는 조심해야 해. 알았 지?" 옥 대리는 내심 궁금했다. '뭘 조심하라는 거지?' 그렇지만 남 의 대화에 갑자기 끼어들기가 멋쩍어 그냥 넘겼다.

며칠 후 옥 대리는 조 부장에게 신제품의 디자인 시안을 올렸 다. 이 건에 대해 조 부장이 몇 가지를 지시했는데, 시장조사를 해 보니 조 부장의 생각과 맞지 않는 부분이 있었다. 옥 대리는 최근 트렌드를 조사한 결과를 첨부하여 보고서를 제출했다. 아무 말 없 이 결재문서를 노려보던 조 부장이 눈을 치켜뜨며 말했다. "당신, 지금 나 무시하는 건가?"

팀원들을 잘 배려해주고 성격도 털털한 조 부장에게는 건드리 면 위험한 아킬레스건이 있었다. 바로 자격지심이다. 조 부장은 집

안 형편이 어려워 고등학교를 졸업하고 바로 직장생활을 시작했다. 그리고 직장을 다니면서 악착같이 야간대학에서 공부하여 지금의 자리까지 올랐다. 같은 부장급의 동기생들이 모두 명문대 출신이다 보니 그는 회사에서 인정받기 위해 남보다 더 안간힘을 쓸 수밖에 없었다.

조 부장은 학벌이 좋거나 대학원까지 졸업하고 입사한 팀원들을 대할 때마다 유독 예민하게 반응했다. 혹시라도 가방끈이 짧다고 무시당하지 않을까, 명문대 출신이 아니니 예비 임원 후보에서 제외되는 건 아닐까 전전긍긍하는 듯 보였다.

한번은 팀원들이 연예인 A에 대해 이야기를 하고 있을 때 조 부장이 "A군 소문이 사실이야? 지금 미국에 있다며?" 하고 대화에 끼어든 적이 있다. 팀원들은 "부장님, 그 사람 미국에서 돌아온 지가 언제인데요. 정보 업데이트가 너무 늦으시네요" 하며 웃었다. 그냥 연예인에 대한 이야기였지만 "정보 업데이트가 너무 늦으시네요"라는 말에 조 부장은 발끈했다.

자격지심이 있는 사람은 누구보다도 본인이 제일 힘들다. 이러지 말아야지 하면서도 무시당한다고 느낄 때마다 자신도 모르게 발끈한다. 서운한 마음에 섣불리 화를 내고 나면 옹졸한 모습을 보인 것 같아 또다시 신경이 쓰인다.

사실 자신을 타인과 같은 선상에 놓고서 비교하고 열등감을 느끼는 것만큼 어리석은 일이 없다. 누군가와 자신을 비교할 때는 대부분 타인의 강점을 기준으로 두고 비교하기 때문이다. 100퍼센트 자신에게 불리할 수밖에 없는 게임이다.

"와, 쟤는 앞으로 걸을 수 있네."

바닷게가 해변에서 뛰어놀고 있는 강아지를 보고 부러워한다. 앞으로 걸을 수 있는 능력만 신경 쓰는 바닷게는 자신이 강아지보다 열등한 존재, 세상에서 제일 못난 존재라며 괴로워한다. 그러나 바닷게는 강아지가 할 수 없는 많은 것을 바닷속에서 할 수 있다. 앞으로 걷는 것만이 능력은 아니다.

자신과 타인을 비교하는 것은 별 의미가 없다. 그러니 남이 가진 강점과 나 자신을 비교하는 일은 이제 그만두자. 당신이 열등하다는 잘못된 결론만 얻게 될 뿐이다.

누구에게나 자격지심이 있다. 그렇기 때문에 다른 사람에게 조언을 할 때는 조심해야 한다. 의도치 않게 상대방의 자존심을 상하게 할 수도 있기 때문이다. 영국의 시인인 알렉산더 포프 Alexander Pope는 "사람을 가르칠 때는 가르치지 않는 것처럼 가르치고, 새로운 아이디어를 제시할 때는 마치 상대방이 잊고 있었던 것을 상기

시켜주는 것처럼 하라"라고 했다. "당신이 뭘 모르는 것 같은데, 내가 한 수 가르쳐주지" 하는 태도로 상대방에게 조언하면, 아무리 좋은 말이라도 상대방은 자존심에 상처가 난다. 그리고 마음의 문을 철통같이 닫아버린다. 그런 상태에서는 어떤 말도 들리지 않는다.

조언을 할 때는 상대방이 이미 알고 있다는 전제하에 해야 한다. 이를테면 "지난번에 당신이 말했듯이……", "당신도 알다시피……", "은연중에 느끼고 있었겠지만……" 등의 말로 시작할 수 있다.

단점은 은밀하게, 강점은 드러나게

다른 이에게 질투심 한번 느껴보지 않은 사람이 어디 있을까. 누구나 자신이 갖지 못한 것을 가진 사람들을 질투하며 살아간다. 든든한 뒷배가 있는 김 선임, 명철한 두뇌로 척척 기획서를 써내는 송 책임, 누구나 호감을 느낄 만한 외모를 가진 정 대리. 모두 부러운 사람들이다. 그러나 사람은 모든 것을 다 갖출 수 없다. 공평한 세상 이치다. 김 선임은 든든한 뒷배로도 해결 못할 무능력함을 달고 다닌다. 명철한 두뇌를 가진 송 책임은 감정 기복이 심해 손해를 자주 본다. 멋진 외모의 정 대리는 말실수가 잦아 사람들에게

곧잘 오해를 산다.

내가 갖지 못한 것에 집중하는 순간부터 마음은 불편해진다. 그러므로 내가 가진 것, 그래서 다른 사람들이 부러워하는 나만의 강점에 집중해야 한다. 한때 리더십 교육에서 스스로 가진 단점을 보완해야 한다는 내용이 트렌드로 떠올랐던 적이 있다. 단점을 파악해서 어떻게 하면 이를 장점으로 바꿀 수 있을지를 다들 열심히 배웠다. 그런데 말이 쉽지 단점을 보완하기란 참 어렵다. 게다가 단점을 보강해서 장점으로 바꾸는 일은 뼈를 깎는 노력 없이는 불가능하다. 그리고 이제는 단점에 대해 접근하는 방식이 달라졌다. 단점은 두드러지게 나타나지 않도록 관리만 하면 된다는 것이다. 사실 드러나지 않는 단점은 단점이 아니다. 단점에 들어갈 에너지를 강점을 부각시키는 데에 쓰면 된다. 강점을 개발하기 위해, 그리고 더 성장시키기 위해 시간을 투자하자.

외적인 모습에 자신이 없으면 실력으로 승부하면 된다. 가능하면 자격증을 많이 따두자. 업무 능력이 부족하면 인간미로 승부할 수 있다. 직장인들이 이직을 심각하게 고려하는 이유는 업무 때문이라기보다 사람 때문인 경우가 대부분이다. 직장 분위기를 훈훈하게 만드는 사람, 함께하면 즐겁고 없으면 찾게 되는 사람, 직장 내 갈등이 발생했을 때 해결사로 나서줄 사람으로 이미지를 구

축하면 된다.

말주변이 없다면 언어가 아닌 다른 것으로 승부하면 된다. 말이 유창하지 않은 것에 대해 스트레스를 받는 사람들이 있다. 자신의 생각을 논리적으로 표현하고 누군가를 유창하게 설득하는 달변가를 부러워한다. 그러나 주변을 둘러보면 말을 잘하지 않는데도 이상하게 호감 가는 사람들이 있다. 반면 말을 듣고 있을 때는 금세 빨려 들어가지만 돌아서고 나면 신뢰가 가지 않는 사람도 있다. 비언어적 소통 방식 때문일 수 있다. 말에 자신이 없다면 표정과 몸짓을 통해 상대방에게 호감을 주는 기술을 익히면 된다. 말보다 앞서는 것이 시각적으로 보여지는 자세와 태도다.

마지막으로 한 가지 더 기억할 것이 있다. 당신에게는 당장이라도 없애버리고 싶은 단점이 다른 사람에게는 다르게 보일 수 있다는 점이다. 요즘 방송가에서는 싱글들을 모아 연애를 하고 결혼을 하도록 맺어주는 예능 프로그램이 대세다. 대부분의 참가자는 초반에 첫인상을 토대로 잘생기고 멋진 외모를 가진 사람들을 선택한다. 언변도 뛰어나고 스타일 좋은 사람들이 인기가 좋다. 하지만 하루, 이틀이 지나가면서 분위기가 달라진다. 말은 어눌해도 타인의 말을 잘 들어주는 사람, 앞에 나서지 않고 뒤에서 묵묵히 궂은 일을 하는 사람, 섬세하게 다른 이들을 챙겨주는 따뜻한 사람에게 마음이 급격히 쏠린다. 마음에 안 드는 그 단점 때문에 누군가는 당신을 더 친근하게 느끼고 좋아하며 호감을 보일 수도 있다.

자격지심에서 자유로워질 때 비로소 다른 사람들에게도 너그러울 수 있다. 스스로를 옹졸하게 만드는 자격지심에서 벗어나자. 당신은 지구상에 단 하나뿐인 특별하고 멋진 사람이 맞다.

감정 솔루션

단점은 이제 잊어버리자

* 나를 타인과 비교하지 말자. 100퍼센트 지는 싸움이다. 타인과 자신을 비교할 때 우리는 대개 타인의 강점을 기준으로 두고 나를 보기 때문이다. 백전백패라는 걸 알면서 굳이 시작할 필요가 없다.

* 단점은 그만 잊어버리자. 단점을 보완하는 데에는 너무 많은 에너지가 들어간다. 대신 강점을 키우자. 갖추지 못한 것에 집중하지 말고, 내가 가진 강점을 성장시키는 데 집중하면 된다.

자격지심으로 똘똘 뭉친 선배

○ 진단 ○

자격지심을 가진 사람에게는 매사가 조심스럽다. 그럴 의도가 없어도 상대방이 쉽게 상처를 받을 수 있기 때문이다. 이런 유형의 사람들과 함께 일해야 하는 상황에 놓이면, 보고 또는 회의를 할 때마다 언제나 살얼음 위를 걷는 것 같다. 특히 이러한 상사나 선배와 다른 의견을 제시해야 할 때는 더욱 조심스럽다.

○ 처방 ○

이럴 때는 마치 선배의 의견인 것처럼 의견을 제시해보는 것도 방법이다. "지난번에 책임님이 말씀해주셨던 것처럼", "선배님이 팁을 주신걸 토대로"와 같이 대화를 시작해보자. 지난번에 자신이 어떤 말을 했는지 모조리 기억하는 사람은 없다. 게다가 후배가 선배의 의견을 의미 있게 받아들이고 업무를 진행 중이라는 데 기분 나쁠 이유가 없다. 선배가 조언한 대로 했더니 좋은 결과가 있었다고 말해도 좋다. 평소에 선배의 좋은 아이디어나 강점들을 미리 파악해두었다가 "역시 부장님은 기발한 아이디어를 잘 내시는 것 같아요"라든가 "대리님의 꼼꼼함 때문에 문제를 미리 바로잡을 수 있었어요"와 같은 말을 해주자. 적어도 당신과 협업할 때는 큰 갈등이 발생하지 않을 것이다.

- "지난번에 부장님이 말씀해주셨던 것처럼……"
- "팀장님이 아이디어를 주신 대로 자료를 찾다 보니, 이런 정보가 추가로 나오더라고요. 매우 유용했어요."
- "역시 책임님께서는 현장을 잘 아시네요. 그래서 저도 그 점을 더 분석해봤는데요……"

"내가 아니면 누가 하겠어"

(**무엇이든 직접 해야 안심하는 사람**)

유선 씨는 항상 피곤하다. 결혼 8년 차인 그녀는 남편과 딸 둘, 근처에 사시는 시댁 어른들을 챙기며 직장생활을 하고 있다. 주변에서는 둘째 아이를 출산했을 때 육아와 회사일을 병행할 수 있겠느냐며 회사를 그만두라고들 했다. 하지만 유선 씨는 직장을 포기할 수 없었다.

그녀는 뭐든지 잘하고 싶어 한다. 그런 성격 탓에 부서의 업무는 처음부터 끝까지 하나하나 모두 챙긴다. 다른 구성원들에게 일을 나눠줘도 되지만 결과를 보면 도무지 성에 차지 않는다. 차라리 처음부터 자신이 맡아서 했더라면 시간 낭비는 하지 않았을 것이라며 종종 후회하고는 한다. 결과적으로 유선 씨는 직장에서 점심조차 매번 샌드위치나 요거트로 때울 만큼 바쁘다. 주변 식당에서 같이 식사하자고 권했던 팀원들도 이제는 포기한 상태다. 점심을 먹고 돌아오는 길에 유선 씨에게 샐러드나 샌드위치를 사다 주고는 한다.

이렇게 쫓기듯 일을 하는 데에는 또 다른 이유가 있다. 유선 씨는 늦게까지 야근을 하기가 어렵다. 아이들 때문이다. 집에 가면 아이들 숙제며 밀린 집안일이 있다. 남편이 집안일을 함께 분담해서 하고 있지만, 역시나 성에 안 찬다. 퇴근 시간을 미룰 수 없으니, 근무 시간 동안에는 홍길동처럼 이리 번쩍 저리 번쩍하며 정신 없이 일을 처리한다. 유선 씨에게 가정은 또 다른 일터다. 퇴근은 또 다른 출근인 셈이다. 유선 씨가 현관문을 열고 들어서자 두 딸이 방에서 번개같이 뛰쳐나와 유선 씨 무릎에 매달린다. 아이들은 유치원과 학교에서 있었던 일들을 서로 이야기하느라 경쟁이 붙는다. 손만 대충 씻고는 주말에 해놓은 반찬을 데워서 가족들과 저녁식사를 한다. 분명 밖에서 놀고 온 게 아닌데도, 아이들에게 최선을 다하지 않는 엄마인 것 같아 마음이 속상해진다.

저녁을 먹고 아이들 숙제를 점검한다. 유선 씨 눈에는 아이들이 써놓은 일기며, 대충 만들어놓은 미술 숙제가 영 마음에 들지 않는다. 회사에서 쌓인 피곤함까지 밀려오면서 결국 짜증을 내고 말았다. 아이들과의 전쟁이 끝나고 나니 어느새 밤 11시 30분이다. 유선 씨는 그제서야 화장을 지우며 내일 결재를 올려야 할 고객만족도 분석결과 보고서와 큰아이 방과 후 교실을 신청하는 일, 작은아이 유치원 등록금 납부 등을 생각한다. 그때 남편이 눈치를 보며 조심스레 묻는다.

"여보, 일도 좋지만 이제는 아이들 생각도 해야 하지 않을까? 아무래도 엄마가 집에 없으니 아이들 관리도 잘 안되고. 당신, 언제까지 직장에 다닐 생각이야?"

유선 씨는 가슴이 답답해진다.

"나? 늙어서 지팡이 짚고 다닐 때까지 악착같이 버틸 건데. 당신이 아이들에게 더 신경 쓰면 되잖아. 왜 나한테만 난리야!" 짜증이 확 일어서 애꿎은 남편에게 소리를 지르고 만다.

유선 씨의 하루하루는 전쟁 같은 삶이다. 유선 씨가 힘들 수밖에 없는 이유는 많다. 쉬운 직장은 없지만, 유독 업무량이 많거나, 창의적인 결과물을 내야 하거나, 업종의 특성상 일의 강도가 높은 회사가 있다. '함께한다'는 생각이 아니라 그저 '도와준다'는 생각으로 가사일을 제대로 하지 않는 남편이 문제일 수도 있다. 육아에

발 벗고 나서줄 부모님이 안 계시거나, 도우미를 쓸 재정적 여력이 안 되는 게 문제일 수도 있다. 하지만 그중에서도 유선 씨가 힘든 가장 큰 이유는 바로 자기 자신의 성향 때문이다. 모든 것을 본인이 짊어지고 해결해야 직성이 풀리는 성향이 스스로를 힘들게 한다.

유선 씨 같은 사람들에게는 인생에 '대충대충'이라는 말이 없다. 하지만 가정과 직장을 병행하고 싶다면 모든 일을 자신이 해야 한다는 의무감부터 버려야 한다. 각기 다른 방향으로 뛰어가는 두 마리 토끼는 절대 못 잡는다. 그렇다고 직장 일을 대충하거나 집안 일을 나 몰라라 하라는 이야기가 아니다.

회사에는 머리 좋고 똑똑한 사람들이 많다. 이런 인재들은 신입부터 대리가 될 때까지 회사의 기대에 어긋나지 않고 최고의 성과를 올린다. 그런데 시간이 지나면서 똑똑했던 이들이 서서히 회사의 골칫거리가 되어간다. 혼자 하는 일은 잘하는데 팀별로 협력해서 일을 하거나 팀원들을 이끌어야 하는 리더의 자리에서는 능력을 발휘하지 못하기 때문이다. 다른 사람을 믿지 못하고 남에게 일을 나눠주는 법을 모른다.

직급이 낮을 때는 혼자만 잘해도 성과를 낼 수 있다. 그러나 직급이 높아지면 상황이 달라진다. 팀원들과 협력해야 한다. 세부적인 일들은 부하직원에게 맡기고 자신은 더 큰 그림을 보고 방향을 제시하며 직원들을 이끌어야 한다. 그런데 '함께'하는 일에 영 숙맥인 사람들이 있다. 똑똑할수록 더 그렇다. 남이 하는 게 영 마뜩잖은 탓이다. 일을 맡기지 않고 혼자 처리하는 사례가 반복되다 보니 다른 팀원들의 역할은 점점 없어진다. 나중에는 혼자서 알아서 하겠지 하는 마음에 팀원들의 업무 몰입도가 현저히 떨어진다.

회사는 혼자 일하는 사람에게 좋은 평가를 하지 않는다. 함께 일하고 성과를 이루는 사람을 승진시키고, 그에게 권력을 준다. 이런 사람이야말로 진정으로 팀과 조직을 이끌 수 있는 리더의 자질을 갖췄기 때문이다.

당신이 없어도 회사는 돌아간다

나 아니면 안 된다는 의무감에서 벗어나는 게 우선이다. 사실 우리가 없어도 회사는 별 탈 없이 잘 돌아간다. 임원코칭을 하다 보면, 거의 대부분의 임원들이 이런 생각을 한다. "내가 없으면, 일이 제대로 굴러가지 않아!" 그래서 몇 년 동안 휴가를 못 간다.

혹시 당신도 휴가를 내면서 당신의 공백 때문에 업무에 차질이 생기지는 않을까 걱정했던 경험이 있는가? 그렇다면 당신이 일주일이나 휴가를 가서 회사에서 숨 넘어가게 급한 전화가 오거나 회사 일이 엉망이니 빨리 복귀하라는 연락을 받은 적이 있는지를 생각해보자. 정말 엄청난 사건이 발생한 경우가 아니라면, 아마 없었을 것이다.

회사에서 권한 위임을 강조하는 이유가 있다. 권한 위임은 직원의 능력을 키우는 가장 효과적인 방법이다. 그리고 한편으로는 똑똑하고 탁월한 성과를 내는 리더와 임원들이 제일 못하는 것 중 하나이기도 하다. 그럼에도 직원들의 능력에 맞게 적절히 업무를 분배하고 맡겨야 하는 이유가 있다. 물론 처음에는 저 사람이 맡긴 일을 제대로 해낼까 싶어 심히 불안하다. 업무 역량도 부족하고 열정도 별로 없는 것 같아서 조바심이 난다. 하지만 처음 일을 맡았을 때 허술한 결과물을 가져오던 직원도 관심을 갖고 코칭을 해주면 상사보다 더 잘하는 때가 반드시 온다. 일을 잘하는 임원도 신입사원 때부터 지금의 역량과 능력을 갖고 있었던 건 아니었다.

가정도 마찬가지다. 아이들 곁에서 하루 종일 함께 있어 줄 수 없는 직장인 엄마라면 전략을 다시 짜야 한다. 온종일 떨어져 있다가 저녁 무렵에야 겨우 엄마 얼굴을 본 아이들에게 "너희들 정말 이런 식으로 할래?" 하며 혼내고 다그치면 아이도 힘들고 엄마도 힘들다. 아이가 좋아하는 방식으로 동기부여를 해주고, 엄마가 없는 낮 시간 동안 혼자서도 공부할 수 있도록 환경을 조성해줘야 한다. 더불어 아이들에 대한 기대치를 낮출 필요가 있다. 유선 씨와 같은 성향의 부모는 아이에게도 높은 잣대를 들이댄다. 그러나 솔직히 말해서 어른도 일을 하기 싫을 때가 있고 업무에서 실수할 때도 정말 많다. 회사 다니는 부모를 이해해주고, 학교 다녀와서 알아서 간식을 챙겨 먹으며 지내는 아이들을 대견하게 생각해야 한다.

당신이 유선 씨와 같은 생각과 삶의 패턴을 갖고 있다면 부탁 하나 하자. 현재 당신의 삶은 지나치게 고되다. 뭐든지 잘 해내는 사람이 되고 싶은가? 미안하지만 이 세상에 그런 슈퍼 히어로는 없다. 항상 최선을 다하다 보면 당신이 모든 걸 빈틈없이 잘할 수 있을 거라고 믿고 있는가? 한 가지는 장담할 수 있다. 그렇게 살아가면 당신은 결코 삶을 즐길 수 없게 된다. 너무 많은 짐을 짊어진 채 삶의 어느 것 하나도 제대로 음미하지 못하고 점점 지쳐갈 거다.

현재의 아등바등하는 삶이 고되고 힘들다는 생각이 든다면, 일단 그 짐들을 내려놓는 연습이 필요하다. 내려놓으면 모든 것이 엉망이 될 것 같지만 부족하면 부족한 대로 무리 없이 굴러간다. 미리 걱정부터 하지 말자.

무엇보다 중요한 것은 '내가 현재 행복한가'이다. 행복하기 위해 일도 열심히 하고 가정도 꾸리는 것이다. 만약 당신이 즐겁지 않다면, 사는 게 버겁게 느껴진다면, 당신의 삶이 뭔가 잘못되었다는 신호다. 마음이 보내는 신호를 무시하지 말고 의도적으로 여유를 가져야 한다.

감정 솔루션

직접 해야 직성이 풀린다면, 삶이 피곤해진다

* **"내가 다 했으니 사람들이 나를 인정해줄 거야"(✖)**
  신입사원이라면 혼자 일하는 것이 가능할 수 있지만, 연차가 늘어나다 보면 팀원들과의 협업은 필수가 된다. 각자의 역할이 있는데 혼자서 모든 일을 하려고 하면, 회사는 오히려 당신의 협업 능력, 리더십, 업무 역량에 의구심을 가지게 된다.
* **"나 아니면 안 된다"(✖)**
  장담컨대 당신 없이도 회사는 잘 돌아간다. 그러니 내가 없으면 안 된다는 생각은 버려야 한다. 처음에는 힘들 수 있지만 다른 사람을 믿고 일을 맡겨야 한다. 다른 사람이 나보다 더 창의적으로 일을 처리할 수도 있다.

모든 일을 직접 처리하려는 상사

◦ 진단 ◦

너무 많은 일을 팀원들에게 떠맡기는 상사도 문제지만, 혼자서 모든 일을 처리하며 권한 위임을 하지 않는 상사도 참 피곤하다. 업무 능력을 개발할 수 있는 기회조차 주지 않으니 팀원들이 경험을 쌓으며 성장하기가 어렵다. 이런 사람이 부하직원들에게 일을 맡기지 않는 이유는 딱 한 가지다. 팀원들의 능력을 불신하기 때문이다. 실제로 오랜 시간 경력을 쌓아 온 상사보다 당장 일을 더 잘해낼 팀원은 많지 않다. 그럼에도 상사 본인이 일을 잘한다고 해서 그 일을 언제까지 혼자 붙들고 있을 수는 없다. 조직 전체의 성과와 후배양성을 놓고 볼 때 결코 바람직하지 않다.

◦ 처방 ◦

타인의 역량을 믿지 못하고 권한 위임을 하지 않는 상사를 바꾸는 건 쉬운 문제가 아니다. 최선책은 상사가 조직 내에서 더 중요한 역할을 맡기 위해서는 시간 관리가 필수임을 설득하는 것이다. 임원코칭에서 만난 수많은 임원의 대다수가 권한 위임을 제대로 못 하고 있었는데, 이유를 물어보면 이렇게 답을 한다. "당장 실적은 내야 하는데, 일을 맡길 부하직원이 없다"는 거다. 충분히 이해가 된다. 하지만 언제까지나 본인이 그 자리에 있을 수 없으니, 후임자를 육성하는 차원에서도 권한 위임은 필수다. 게다가 시시콜콜 사소한 일들까지 모두 신경 쓰다 보면, 팀의 비전과 전략을 공유하는 큰 틀의 일들을 놓치게 되기 마련이다.

- "우리 조직의 장기 비전과 전략이 부재하다는 이야기가 있습니다. 상무님께서 너무 일이 많으셔서 그러신 듯 합니다. 덜 중요한 일은 권한 위임하시고 상무님은 큰 방향을 제시하는 데에 집중하시는 것이 어떠세요?"
- "현재 팀원들의 수준이 아직 역부족인 걸 알고 있습니다. 그럼에도 상무님께서 육성 차원에서 팀원들에게 업무를 책임지고 진행할 기회를 주시면 우리 조직의 전체 역량이 올라갈 겁니다."

"내가 한때는 잘 나갔거든!"

(지난 과거에 붙들려 있는 사람)

현식 씨에게는 인기도 많고 자신감도 넘치던 시기가 있었다. 학창 시절 공부도 꽤 잘했고, 외모 역시 어디 내놔도 뒤처지지 않았다. 덕분에 어디를 가나 팬들을 몰고 다녔다. 실제로 회사에 입사한 후에도 현식 씨에게 연락을 하는 이성이 꽤 많아 보였다. "누구 연락이에요?" 하고 물어보면 현식 씨는 "응, 제 팬들이에요"라며 신이 나서 대답하고는 했다.

　그러던 현식 씨가 2년 전 결혼을 했다. 결혼식 며칠 전, 사무실 복도에서 본 현식 씨는 어딘지 힘이 없어 보였다. "왜 그래? 배우자 될 분이랑 싸웠어? 결혼 준비가 만만치 않지?" 물어보는 팀원들에게 그는 시큰둥하게 대답했다. "그냥 좀 마음이 싱숭생숭하네요. 결혼하는 게 맞는 걸까요? 포기해야 할 것들이 너무 많아요."

결혼 후 몇 년간 안정적으로 보이던 현식 씨는 요즘 다시 마음이 심란한 듯 보였다. 싱글 시절에는 마음만 먹으면 훌쩍 여행을 갈 수 있었고 취미인 사진 찍는 일도 누구의 간섭을 받지 않고 할 수 있었다. 그런데 지금은 혼자서 홀가분하게 움직이는 것이 어렵다. 당연히 가족들을 고려해야 하는 상황이 된 것이다.

현식 씨는 과거의 좋았던 기억을 쉽게 잊지 못했다. 그러나 세월은 흘렀고, 현식 씨는 마흔 살의 가장, 두 아이의 아버지가 되었다. 하지만 지금도 여전히 마음의 안정을 찾지 못하고 있다. 자신이 하고 싶은 일들을 마음껏 못한다는 답답함, 그리고 시간이 계속 흐르며 자신이 나이를 먹고 있다는 생각에 삶이 만족스럽지가 않다.

사람의 가치관은 변한다. 인생에서 중요시 여기던 신념, 생각들이 시간의 흐름에 따라 조금씩 변한다. 간혹 그렇지 않은 사람들도 있다. 나이는 먹고 시간은 흘렀지만 20대의 가치관을 그대로 가지고 있는 경우도 있다. 특정 시기에 멈춰 있는 마음과는 달리, 변해가는 자신의 모습과 주변 상황이 못마땅해진다. 그래서 현재 가진 것에 만족하지 못한다.

20대에 자유, 도전, 모험과 같은 가치관을 가지고 있었다면, 30대에는 회사와 가정에 좀 더 집중하게 되면서 성취, 가족의 행복, 안정 등의 가치들이 중요해진다. 그러다가 40, 50대 이후부터는 건강, 경제적 안정 등을 바라보게 된다. 물론 나이나 상황이 비슷하다고 해서 모두 동일한 가치관을 가질 수 없다. 하지만 연령대에 따라 보편적으로 중시하는 가치들은 있다. 20대의 가치관을 가지고 40대를 살아가기란 수월하지 않다.

갖지 못한 게 아닌, 가진 것에 집중하기

사람은 누구나 살고 싶은 대로 살아갈 권리가 있다. 윤리적으로 도덕적으로 문제가 되지 않는다면 당연히 그렇다. 그리고 한편으로는 주어진 역할과 책임을 수행해야 할 의무도 있다. 20대 때 관심의 초점이 오직 '나 자신'이었다면 다양한 역할을 담당하는 본인의 모습에 초점을 두어야 하는 때도 있다. 한 아내의 남편, 두 아이의 아버지, 장남, 회사의 일원 등 스스로에게 주어진 역할들을 무시할 수는 없다. 사람이 살아가면서 지켜야 할 최소한의 도리를 무시한 채 "난 자유를 중요하게 생각하는 사람이야. 나를 구속하지 마!"라고 외친다면 주변 사람들에게 상처가 될 수 있다.

사람들은 누구나 '~해야만 한다'라는 '의무성 가치 Should Value'를 갖고 살아간다. 이런 가치관이 많아질수록 짊어지는 짐이 늘어나고, 짐이 늘어나면 삶이 버거워진다.

그래서 누군가 내게 짐을 지우고 강요하기 전에, 버릴 건 버리고 새로 짊어질 건 감당하는 가치관 정리가 필요하다. 이전에 내가 중시하던 가치관과 해야 할 역할들 사이에서 스스로 병행점을 찾아내는 것이 중요하다. 자기 의지로 노력하는 것이 시켜서 하는 것보다 훨씬 낫다. 과거에 여행을 좋아했다면, 혼자 떠나지 말고 가족들과 함께 떠나면 된다. 자유롭게 이곳 저곳을 다니던 미혼 때와는 다르겠지만, 가족여행에는 또 다른 즐거움이 있다. 그 즐거움과 의미를 애써서 찾아야 한다. 혼자 살 때처럼 친구들과 저녁마다 시끌벅적한 모임을 자주 가질 수는 없지만, 퇴근 후 집에서 TV를 보며 편안한 휴식을 취할 수는 있다. 아늑함과 안정감, 포근함에서 의미를 찾아야 한다. 회사에서도 마찬가지다. 비록 더 이상 신입 미혼 직원들의 입에 오르내리는 훈남은 아니지만, 후배들이 고민이 있을 때마다 상담을 청해오는 듬직한 선배 사원이 될 수 있다. 시키는 일을 위주로 하다가 이제는 어느 정도 소신대로 기획하고 업무를 진행할 수 있는 직급과 권한도 주어졌다.

앞에서 살펴본 현식 씨의 가치관은 불행히도 과거의 한 순간에 멈춰져 있다. 여전히 20대의 청년으로 살아가고 싶은 거다. 나이가 바뀌면 가치관의 조정이 필요한데 그게 안 된 경우다. 이렇게 되면 주변에서는 현식 씨를 그저 철없는 사람으로 여긴다.

더 젊었을 때, 더 어렸을 때가 그립지 않은 사람이 어디 있을까. 하지만 그런 생활만 의미가 있다고 여기며 그리워하면, 현재는 결코 행복할 수 없다. 과거의 잣대로 바라보면 현재의 당신은 별 볼 일 없을 수도 있다. 지금의 내 모습이 불만스럽다면, 그건 자신을 여전히 과거의 잣대로 평가하고 있기 때문일지 모른다. 당신만의 매력과 가치는 상황에 따라 계속 변화하고 있고, 오히려 과거보다 더 높아졌을 수 있다.

감정 솔루션

과거의 모습보다 현재의 내가 더 의미 있다

* 당신의 매력과 강점은 수시로 변하고 있다. 과거에 가졌던 가치관이나 잣대로 현재의 자신을 평가하지 말아야 한다. 과거에는 갖지 못했지만, 지금은 갖고 있는 것들을 종이에 적어보자(예를 들면 배우자, 아이, 경력, 인맥, 자격증, 책임감 등).
* 예전에는 가능했지만 지금은 그렇지 않은 것들을 그리워하기보다, 과거에는 불가능했지만 현재는 가능한 일들에 감사하는 마음을 갖는 것이 핵심이다.

화려했던 과거에만 연연하는 사람

누구에게나 추억은 아름답고, 과거는 돌아가고픈 그리운 시절이다. 그렇지만 지나치게 과거에 연연하는 사람들은 세월에 따라 자연스럽게 변화하는 것들을 인정하지 않는다. 그래서 과거에 미련을 두고 사는 사람은 현재에 만족할 수 없다. 그런 이들에게는 결과적으로 현재가 불행하다.

◦ 처방 ◦

이런 유형의 동료가 주변에 있다면, 그들에게 과거에는 없었던 그 사람의 현재 장점들을 찾아내서 알려주자. 과거에는 없던 '다른 차원의 매력'이 생겼다는 것을 일깨워주고, 소유했으면서도 정작 본인은 깨닫지 못하는 소중한 것들을 상기시켜주자.

◦ 이렇게 말해보자 ◦

- "예전에는 사장님 앞에서 발표할 때 많이 긴장하더니, 박 매니저가 이제는 보고의 달인이 된 것 같아. 갑작스러운 질문에도 당황하지

않고 말야. 시간이 갈수록 더 믿음직스러워지네.”

- “임 과장은 카리스마가 더 강해졌어. 팀원들을 이끌고 업무를 추진해나가는 실행력이 날이 갈수록 좋아지네!”

3장

✦

이런 감정,
어떻게 관리해야
할까요?

감정을
다루다

"걱정돼서 잠이 안 와요"

(　　　　　 **불안** 　　　　　)

인간의 마음속에서 발생하는 감정 중에는 다른 감정에 비해 유달리 고된 감정들이 있다. 한번 생기면 잘 없어지지도 않고, 방치할경우 점점 더 강도가 세지는 감정들이다. 그리고 이런 감정 중 하나가 바로 불안이다. 불안은 공황장애를 일으키는 핵심 감정이다. 특별한 이유가 없는데도 극단적인 불안 증상을 느끼게 되면서 공황발작으로 연결된다. 요즘은 공황장애를 겪는 사람들을 주변에서 흔하게 만난다. 일반적으로 스트레스를 강하게 경험한 후에 공황장애로 연결되는 경우가 많다.

불안은 현대인들이 매우 자주 느끼는 감정이다. 우리나라에서도 술과 담배를 제외하고는 감정적 장애로 가장 많이 꼽는 것이 바로 불안장애다. 불안은 사람을 잠시도 쉬지 못하게 한다. 머릿속을 한순간도 그냥 내버려 두지 않고 들들 볶는다. 부정적인 생각은 꼬리에 꼬리를 물고 이어진다. 마음은 안정을 잃고 폭풍 속 파도처럼 이리저리 요동친다. 마음이 이런 상태가 되면, 몸도 가만히 있지를 못한다. 손으로 입술을 뜯거나, 볼펜을 정신없이 돌리거나, 다리를 떨거나, 자리에서 일어나 방 안을 뱅뱅 돈다. 이처럼 자신을 쉴 수 없게 만드니, 얼마 지나지 않아 몸과 마음이 소진된다.

사람이 불안해지는 데에는 여러 가지 이유가 있다. 가장 흔한 이유로는 조만간 닥칠 미래에 대한 걱정이 있다. 자녀들이 어려 학교를 마칠 때까지 한참 남아서 들어갈 돈은 많은데, 부모님께도 일정 금액의 생활비를 매달 드려야 하니 걱정이다. 내년에는 우리 집 전셋값도 오를 예정이라고 한다. 회사 매출은 하향세인데 회사 내 경쟁은 날로 치열해지니, 마음이 자꾸만 불안해진다. 내가 언제까지 이 회사에 다닐 수 있을까, 연봉은 오를까, 내년에는 회사에서 정해준 목표를 제대로 달성할 수 있을까 조마조마하다.

퇴근 이후나 주말에는 아무 문제가 없는데, 회사에 출근만 하면 불안함이 심해진다는 사람도 있다. 작성한 보고서를 상사에게 올릴 때 혹시나 잘못된 부분이 있어 지적당하지 않을지, 불호령이 떨어지지는 않을지 가슴이 떨린다. 팀 전체 보고나 회의에서 발표를 해야 할 경우에는 더 심해진다. 아무리 밤을 새우며 발표 연습을 했어도, 돌발상황이 발생할까 봐 걱정된다. 시작하기 전부터 얼굴이 하얗게 질리고 손발이 떨린다. 그렇다고 회사를 결근하거나 발표 회의에 나타나지 않을 수도 없는 노릇이다.

불안을 크게 느끼는 사람들에게 주변 사람들이 주로 해주는 말이 있다. "불안해하거나 걱정하지 마세요. 그렇다고 상황이 바뀌는 건 아니에요." 또는 "그냥 될 대로 되라는 식으로 생각해 봐요", "차라리 최악의 상황을 상상해. 그러면 오히려 마음이 좀 편안해질 거야" 등이다. 그런데 불안한 상태에서 갑자기 이렇게 억지로 생각을 전환하는 게 마음처럼 쉽지가 않다. 게다가 의도적으로 이런 생각을 한다고 해서 불안함의 강도가 줄어들지도 않는다. 내 감정이지만 내 뜻대로 움직이지 않는다는 게 문제다. 부정적인 감정은 내가 느끼고 싶어 느끼는 게 아니다. 그런데 주변 사람들은 마치 내가 원해서 그 감정을 느끼는 것처럼 대할 때가 있다.

"나 지금 불안해"라고 인정한다

감정에는 독특한 특징이 있다. 거짓말을 하면 할수록 더 강렬해진다는 점이다. 내가 지금 느끼는 감정을 숨기거나 없는 체하면, 오히려 그 감정이 나를 압도하고 점령한다. 만약 사장님 앞에서 해야 하는 발표를 앞두고 지금 떨려서 제대로 서 있을 수조차 없는 상태라고 해보자. 하지만 사람들 앞에서는 아무렇지 않은 것처럼 행동하고 싶다. 그래야 더 전문적으로 보일 수 있으니까. 그럴수록 불안은 증폭된다. 자신이 느끼는 감정을 들킬까 봐 과잉 행동이 나오기도 한다. 아닌 걸 그런 척하려니, 몸과 마음의 에너지가 과도하게 들어간다. 발표 자체에 집중을 못 하고 실수를 하게 된다.

차라리 이럴 때는 "중요한 자리에서 발표를 하려니, 조금 떨리네요"라고 가볍게 말하고 시작하는 것이 현명하다. 일단 자신의 감정을 인정하고 나면, 내 몸과 마음이 빠르게 안정을 찾는다. 그리고 신기한 건, 이렇게 말하고 나면 주변 사람들이 당신의 상태를 받아들인다. 발표를 앞두고 떨고 있다고 해서 '능력이 없는 겁쟁이'라는 뜻은 아니다. 뛰어난 역량을 가진 사람이라도 프레젠테이션에는 약할 수 있다. 또는 평소에는 안 그랬는데 오늘따라 유난히 떨릴 수도 있다. '내가 지금 떨린다'는 사실을 전했기 때문에, 마우스를 쥔 손이 살짝 흔들려도, 얼굴이 붉어진 상태라도 사람들은 그러려니 한다. 더군다나 "중요한 자리에서의 발표인 만큼 떨린다"라는 추가설명을 했는데 구태여 트집 잡을 사람은 없다.

불안함의 강도를 낮출 수 있는 또 다른 방법도 있다. '한눈팔기'다. 불안하면 가만히 앉아 있지 못한다는 설명은 이미 앞서 이야기했다. 하지만 이때의 움직임은 적극적이지 않다. 그저 안절부절못하거나, 몸을 좌우로 흔드는 정도다. 차라리 불안할 때는 몸부터 과감하게 움직일 필요가 있다. 지금 느끼는 그 감정에서 주의를 돌리는 거다. 자리에서 일어나 복도 끝까지 걸어갔다가 오는 것이 도움이 된다. 잠시 걷는 행위만으로도 마음의 환기가 가능하다. 좀 더 내키면 1층에서 3층까지 계단 오르기도 좋다. 아예 회사 건물 밖으로 나가 한 바퀴 걷고 오거나, 가까운 카페에 가서 커피 한 잔을 사서 오는 것도 추천한다. 평소 관심 있었던 유튜브 채널에 잠시 들어가 보거나, 웹툰 한 편을 보는 것도 괜찮다. 혹은 키우는 식물의 이파리를 닦아주거나 물을 주는 것도 매우 좋다.

로저 울리히 Roger Ulrich는 1984년 〈사이언스〉에 흥미로운 연구 결과를 실었다. 그는 동일한 질병으로 같은 병동에 입원한 환자들을 두 그룹으로 나누었다. 그리고 한 그룹에게만 창문을 통해 정원을 볼 수 있게 했다. 신기하게도 초록빛 자연을 접했던 환자들의 회복 속도가 더 빨랐으며, 통증을 적게 호소했다. 마음을 안정시키는 초록빛도 보고, 식물의 잎을 다듬어주거나 물을 주는 행위에 몰입하면서 불안함의 강도가 낮아진 것이다.

그게 무엇이든 현재 하고 있는 그 행위 자체에 집중하는 것이 중요하다. 불안뿐 아니라 우울, 슬픔, 좌절 등의 감정들은 한 자리에 가만히 오래 앉아 있으면 점점 더 속으로 침몰하는 특성이 있다. 그 상태에서 빠져나오는 계기가 필요하다. 그래서 잠깐의 한눈팔기가 확실히 도움이 된다.

그 외에 불안일기를 쓰는 방법이 있다. 일단은 오늘 내가 불안한 이유만 간단히 적고 일기장을 덮어둔다. 그리고 하루 또는 일주일 후에 다시 읽어보면, 결국 '그 일은 일어나지 않았다'는 걸 깨달을 때가 많다. 당시에는 보고서를 제대로 작성하지 못할까 봐 걱정했지만, 결국 무리 없이 지나갔다는 걸 알게 된다. 근거 없는 막연한 걱정과 불안을 반복한다는 걸 자신에게 알게 해주는 것이다.

살면서 불안을 느껴보지 않은 사람이 과연 있을까? 장담컨대, 단 한 명도 없다. 불안함이 밀려온다고 느끼면 그대로 방치하지 말자. 주변을 산책하든, 영화를 보든, 게임을 하든, 일기를 쓰든 다 좋다. 한시라도 빨리 조치를 취하는 것이 핵심이다.

불안하다는 걸 인정해야, 빠르게 안정된다

* 불안할 때, 억지로 아닌 것처럼 행동하지 말자. 오히려 불안함이 더 커지
  면서 통제가 어려워진다. "내가 지금 불안하구나" 하고 그대로 인정하
  자. 그래야 조치도 가능하고 마음이 한결 안정된다.

* 조치와 대응은 빠를수록 좋다. 불안이 찾아오면 가만히 있기보다는 주변
  을 돌아보고 즉시 할 수 있는 가벼운 행동부터 시작해보자.

"조금만 참을걸"

(화   )

평소 화를 잘 내는 사람들의 공통적인 행동이 있다. 바로 잠자리에 누워 후회하는 일이다. "조금만 참을걸" 또는 "내일 회사 사람들 얼굴을 어떻게 보지?" 하며 민망해한다. 순간적으로 화를 참지 못한 탓이다.

감정을 관리하는 일은 결코 쉽지 않다. 감성 분야의 전설적인 심리학자인 예일대학교의 피터 샐로비 Peter Salovey와 잭 메이어 Jack Mayer는 감정과 관련된 지능을 제시한 최초의 학자들이다. 그들은 감정과 관련된 지능을 '감성지능'이라고 명명하고, 이를 '감정을 현명하게 다루는 지능'이라고 정의내렸다.

이들에 의하면 감성지능에는 크게 네 가지 영역이 있다. 내 감정과 상대방의 감정을 정확히 읽는 것, 감정을 일상생활에서 잘 활용하는 것, 감정의 원인을 정확하게 아는 것, 감정을 관리하는 것이다. 이때 맨 마지막에 언급된 '감정 관리'는 실천에 옮기기 어려운 높은 단계의 기술이다.

우리 주위를 둘러보면 감정 관리를 하지 못해서 문제가 발생하는 경우들이 정말 많다. 머리도 좋고 성과도 잘 내는 핵심 인재지만 흥분하여 감정을 조절하지 못하고 감정에 휘둘리면, 치명적인 단점이 된다. 그런 사람을 승진시켜 높은 자리에 오르게 하거나 중요한 일을 맡기는 건 위험천만한 일이다.

과거 기업들은 앞다투어 머리 좋고 스펙 좋은 사람들을 우선적으로 채용했다. 기대에 부응하듯 그들은 명석한 두뇌를 활용하여 오자 하나 없는 멋진 기획서를 척척 만들어냈다. 성과가 좋으니 당연히 승진도 빨랐다. 그런데 이렇게 머리 좋고 똑똑한 사람들이 모인 조직에서 이상한 일들이 생기기 시작한다. 승진을 시키면 더 높은 성과를 낼 줄 알았는데 자꾸만 삐걱거린다. 똑똑한 리더와 임원들 밑에서 일하는 팀원들이 불만을 토로하거나 견디지 못하고 이직한다. 팀원들에게 상사의 리더십에 대해 인터뷰를 하면, "사람을 다루는 능력이 부족하다"는 의견들이 매번 나온다. 그 잘난 사람들이 대체 왜 이럴까?

　머리만 좋은 사람들은 자기 일만 잘하면 되는 신입 시절에는 능력을 발휘한다. 그러나 다른 팀원들과 팀워크를 이루어 일을 하거나 부하직원들을 관리해야 하는 리더의 위치에 가면 갑자기 문제가 생긴다. 주위 사람들의 마음을 다독이며 동기부여를 해야 하는데 그렇게 못한다. 아니, 안 한다. "회사에 와서 연봉을 받는 직원이 일을 열심히 하는 건 당연한 거 아닌가요?" 오히려 상사에게 이것저것 바라는 게 많다며 화를 내고 씁쓸해한다. 이런 마인드를 갖고 있으니 당연히 그가 이끄는 조직의 사기는 점차 떨어진다. 과거 조직 내 필수조건이 '높은 IQ'였다면, 오늘날에는 IQ와 EQEmotional Qutient 모두 중요하다. 아무리 IQ가 높아도 EQ가 0점이면 결국 성공 확률은 0이 된다.

　감정을 다루는 능력은 자신과 상대의 마음을 현명하게 관리하는 것에만 한정된 것이 아니다. 부정적인 감정을 조절하는 능력이 부족한 사람들은 중요한 의사결정 역시 제대로 내리지 못한다. 성공적인 의사결정을 내리느냐 아니냐의 문제는 감정 관리와 직결되어 있다. 사람이 흥분하면 차분하게 생각할 수 없게 된다. 결국 허둥대며 잘못된 결정을 내린다.

　예로, 이제 10분 뒤면 프로젝트의 시작 여부를 검토해서 의사결정을 내려야 하는 회의가 시작된다고 하자. 그런데 의사결정을 해야 할 임원이 회의에 들어오기 직전, 다른 이슈로 크게 화가 나 있는 상태다. 회사 입장에서는 큰 투자 비용이 들어가기 때문에 프로젝트를 시작할지 말지를 결정하는 일은 중차대한 문제다. 당연히 조직 내부·외부 상황과 협력사들, 투자 비용 등을 꼼꼼히 고려해서 결정을 내려야 한다. 그러나 아직도 화가 나서 흥분이 가라앉지 않은 임원은 그게 뜻대로 안 된다. "좀 전에 화난 일은 화난 일이고, 지금은 이 일에 집중하자"라고 스스로 되뇌지만, 쉽지가 않다.

자신의 화를 조절하지 못하면 합리적이고 체계적인 사고가 어려워지고 결국 감정에 휩쓸려 결정을 내리게 된다. 한 사람의 감정이 회사 전체에 부정적인 영향을 미치는 것이다.

화내기 전, 30초 질문법

화가 치밀어 오르면, 생각과 행동을 잠시 멈추고 30초 동안 두 가지 질문을 스스로에게 던진다. 지금 한참 감정의 소용돌이 속에 있는데 어떻게 멈춰서서 무언가를 생각할 수가 있냐고 반문할 수 있다. 그런데 화부터 벌컥 낸 후, "괜히 그랬다"며 몇 날 며칠 마음고생하는 것보다는 30초 동안 생각하고 행동하는 게 백번 낫다.

두 가지 질문은 아래와 같다.

첫째, "지금 이 문제가 내 건강보다 더 중요한가"에 대한 질문이다. 화는 위험한 감정이다. 화는 일단 내 몸부터 상처를 낸 후에 밖으로 표현되는 감정이다. 아무런 신체적 증상 없이 화를 낼 수 있는 사람은 없다. 온몸의 근육이 팽팽하게 긴장되고, 심장박동수는 미친듯이 뛰면서 심장에 무리를 준다. 화가 났을 때 밥을 먹으면 꼭 체한다. 몸 안의 장기들도 예민해져 굳어 있기 때문이다. 지금 발생한 문제가 이처럼 내 몸을 망가뜨리면서까지 고려해야 할 중요한 이슈라면 화를 내야 한다. 화를 안 내는 게 능사는 아니다. 이 상황이 내 건강 못지않게 화를 내는 게 중요하다는 판단이 들면, 두 번째 질문으로 넘어간다.

둘째, "내가 지금 화를 내면 이 상황 또는 내 앞에 있는 저 사람을 바꿀 수 있을까"에 대한 질문이다. 내 몸을 상하게 하면서까지 화를 내는 건데, 그저 화풀이로만 끝나서는 안 된다. 화를 냈다면 결론이든 사람이든 더 낫게 변화시켜야 한다. 이왕 상대방에게 화를 표현한다면 의도하는 바를 달성하거나 얻고 싶은 것을 얻어야 건강을 해치면서까지 화를 낸 보람이 있다. 그런데 기껏 화를 내봤자 얻을 게 없다면 내 기운만 뺀 거다.

이 두 가지 질문을 스스로에게 했을 때 모두 'Yes'라는 대답이 나온다면 그때는 화를 내는 게 맞는 상황이다. 그만큼 중요한 문제이고, 화를 내서 상황을 개선할 수 있기 때문이다. 무분별하게 화를 낸 게 아니라 타당한 이유에 의해 화를 내고 나면, 그날 밤 침대에 누워 후회할 일도 적다. 물론 그렇다고 고함을 치거나 물건을 던지며 화를 내라는 의미가 아니다. 화를 표현하는 방법도 현명하게 선택해야 한다. 소리부터 지르거나 과격하게 행동하면, 오히려 상대방의 저항감을 키우거나 상황을 악화시킬 수 있다. 처한 환경과 상대에 맞게 현명하게 화를 내는 것도 중요하다.

그런데 어떤 사람들은 위의 두 가지 질문에 모두 'Yes'라는 대답이 나왔지만, 화를 내지 않고 그냥 넘어간다. 이렇게 넘어갔으면 잊으면 되는데, 그게 또 안 되는 경우들도 있다. 계속 마음속에 그 일이 남아, 혼자서만 마음고생을 한다. 상대방을 용서하기도 어렵다. 그렇다고 며칠이 지난 후에 다시 그 문제를 끄집어내서 상대방에게 따지는 것도 쉬운 일은 아니다. 자칫 꽁한 사람으로 비치기 쉽다. 그러므로 화를 내야 하는 시기와 표현하는 방식을 적절히 선택하는 것이 관건이다.

인간관계론의 대가로 손꼽히는 데일 카네기 Dale Carnegie 는 어느 날 독자에게 자신의 책을 신랄하게 비판하는 편지를 받았다. 그 편지의 내용은 '당신의 책은 읽을 만한 가치가 없다'는 것이었다.

자신의 저서에 자부심을 가지고 있던 카네기는 바로 펜을 들고 답장을 써내려갔다. 답장을 쓰는 카네기의 숨소리는 거칠었고, 글씨를 쓰는 손은 가늘게 떨리고 있었다. 카네기는 답장에 이렇게 썼다.

"당신이 저능아라서 그런 것 같은데? 아마도 내가 보내는 이 답장조차도 당신은 제대로 이해할 수 없을걸!"

카네기는 감정에 복받쳐 답장을 쓰고는 책상 서랍 안에 던져두었다. 며칠이 지난 후 그는 책상 서랍을 열어 자신이 썼던 답장을 꺼내 다시 읽어보았다. 그러고는 씩 웃으며 다시 펜을 들고 답장을 새로 쓰기 시작했다.

"저의 저서에 대해 충고해주셔서 감사합니다. 주신 의견은 잘 반영하도록 하겠습니다."

곁에서 보던 비서가 왜 답장을 두 번씩이나 쓰냐고 묻자 카네기는 이렇게 대답했다.

"첫 번째 답장은 당장의 감정에 휩싸여서 화풀이로 쓴 것이니 보낼 수가 없어요. 두 번째 답장이 나 자신과 내 책을 돌아본 후 쓴 객관적인 거죠."

화가 난다고 해서 바로 소리를 지르거나, 상대방을 공격하면 안 된다. 그건 감정에 휩싸여 끌려다니는 것이다. 사람을 잃고 후

회만 남는다. 감정이 복받쳐 앞뒤 안 가리고 행동했던 자신에 대한 실망감도 견디기 힘들다. 카네기가 인간관계에서 최고의 스승이 될 수 있었던 이유 중 하나는 현명한 감정 관리 능력 때문이다. 감정을 무분별하게 표현하면 문제는 대체로 더 복잡해진다.

우리는 대부분 사소한 것에 흥분한다. 단골식당에 갔는데 옆 테이블에만 반찬을 서비스로 주는 걸 봤을 때, 다시는 이 식당에 오지 않겠다는 다짐을 한다. 평소에는 잘 오던 버스가 하필 중요한 미팅 날 15분이 지나도록 오지 않을 때, 이 버스를 또 타면 성을 간다며 씩씩댄다. 옆자리에 앉은 박 책임이 다른 팀원들에게는 커피를 사줬으면서 내게는 한 번도 사주지 않았다는 걸 깨달은 순간, 더 이상 업무지원을 성심성의껏 해주지 않겠다는 결심을 한다.

그러나 어느 철학자가 말했다. 사소한 것에 목숨 걸지 말라고. 알고 보면 세상 모든 일은 다 사소하다고 말이다.

'30초 질문법'을 활용하라

✳ 잠깐 행동을 멈춘다.

✳ 그리고 30초 동안 '지금 이 문제가 내 건강과 심적 안정보다 중요한가?' 또 '내가 지금 화를 내서 이 상황을 바꿀 수 있는가?'라는 두 가지 질문을 스스로에게 던진다.

✳ 만일 이 두 가지에 대한 대답이 'NO'라면 화를 내지 않는 게 더 낫다. 그런데 모두 'YES'라는 답이 나오면, 화를 현명하게 표현하자. 화를 낼 때 물건을 부수고, 고함을 지르는 건 악효과를 낳는다. "~한 이유로 지금 제 마음이 많이 불편하네요"라고 말하는 것으로 충분하다.

"나, 멋지고 시원시원한 사람이야"

(**괜찮은 척**)

"당신 참 쿨하다!"라는 말을 듣고 기분 나빠할 사람은 없다. 왠지 매사에 깔끔하고 맺고 끊음이 좋은 사람이라는 찬사로 들려 기분까지 좋아진다. "쿨하다"라는 단어는 영어 Cool에서 파생한 표현으로, '성격이나 언행이 답답하지 않고 거슬리는 것 없이 시원시원하다'는 뜻이다. 이렇게 보면 좋은 의미다. 그래서인지 많은 사람들이 쿨하고 뒤끝 없이 행동하고 싶어 한다. 그런데 쿨한 게 과연 자연스럽고 좋기만 한 태도일까?

죽을 만큼 좋아하며 연애를 하다가 헤어졌다. 그런데 바로 다음 날 방 정리를 시작한다. 휴대폰을 꺼내서 연인의 전화번호를 지우고 저장된 사진들도 모두 삭제한다. 책상 앞에 붙여놓았던 사진들은 쓰레기통에 넣는다. 기념일에 주고받았던 물건들은 박스에 넣어 창고에 둔다. 그야말로 '쿨'하다. 끝나면 뒤를 안 돌아보는 모습이 현명한 사람처럼 보인다.

그런데 이런 이야기를 들으면 나는 어쩐지 안쓰럽다는 생각이 든다. 그렇게 행동을 하기까지 속으로는 얼마나 자신의 감정들을 꾹꾹 누르고 있을까 싶어 그렇다.

물론 성격 자체가 맺고 끊기를 잘하는 사람들이 있다. 어떤 일이든 빠르게 잊고, 돌아서면 과거를 생각지 않는 사람도 있다. 그러나 이런 사람들조차도 자신에게 소중한 것을 잃어버리게 되면, 마음 정리가 쉽지 않다.

미수 씨는 소개팅에서 만난 상대에게 호감을 느꼈다. 둘은 전화번호를 주고받은 후 헤어졌다. 미수 씨는 화장실에 갈 때도 휴대폰을 들고 갈 정도로 상대의 전화를 기다렸지만 3일이 지나도 연락이 없다. 자신의 이상형인 이 사람을 놓치면 어쩌나 하는 불안감에 초조해지면서, 다른 일이 손에 잡히지 않는다. 드디어 미수 씨는 휴대폰을 들고 상대에게 전화를 걸어볼 결심을 한다. 그러나 이

내 곧 망설인다.

"지금 전화를 걸면, 내가 자기를 만나고 싶어서 안달하는 줄 알 거야. 자존심 상해." 결국 통화 버튼을 누르지 않고 마냥 기다리기로 한다.

미수 씨의 행동은 현명한 것일까? 다행히 상대가 전화를 걸어 온다면 자신의 이상형과 만남을 시작할 수 있을 것이다. 그러나 전화가 걸려 오지 않는다면 기회를 잃을 수도 있다. 게다가 시간이 지나면, 먼저 전화를 하지 않은 것에 대해 스스로 후회할 가능성도 높다. 물론 미수 씨가 마음에 들지 않아 상대가 전화를 안 하고 있는데, 굳이 매달릴 필요는 없다. 그런데 다른 상황도 있을 수 있다. 상대방이 소개팅 후 바로 해외 출장을 떠나서 연락할 시간이 없었던 거라면 어떨까? 미수 씨에게 연락은 하고 싶은데, 휴대폰에 문제가 생겨서 전화번호가 지워졌다면 어떨까?

전화를 하는 일이 그렇게까지 자존심 상하는 행동은 아니다. 연락했는데 반응이 시큰둥하면, 안 만나면 그만인 일이다.

마음을 반만 주면 미련이 남는다

다행히 상대에게서 만나자는 연락이 왔다. 미수 씨는 한껏 기분이 좋아졌다. 새 원피스를 사고, 미용실에서 머리도 다듬었다. 드디어 상대를 만나는 날, 미수 씨는 미리 준비한 옷과 가방, 신발을 착용하고 데이트 장소로 나간다. 그녀를 보고 상대가 더 예뻐졌다고 하자, 무심하게 말한다.

"영진 씨 만나는 날이라 좀 더 신경 썼어야 했는데, 그냥 대충 왔어요. 요즘 너무 바빠서."

난 너에게 큰 관심은 없으며, 따라서 잘 보일 마음이 별로 없다는 메시지를 전달한다. 속마음은 결코 그렇지 않으면서.

대체 미수 씨는 왜 이러는 걸까? 사람이 사람을 좋아하는 게 잘못도 아니고, 좋아하고 있다고 표현하는 일이 자존심이 상하는 일도 아닌데 말이다. 물론 연애를 하는 남녀 사이에 밀고 당기며 미묘한 심리 싸움을 해야 하는 순간도 있을 수 있다. 하지만 어떤 사람은 그저 밀기만 한다. 당길 줄을 모른다. 표현해야 할 때는 솔직하게 마음을 보여줄 필요가 있는데 그걸 안 한다.

상대방이 떠난 후에 미련을 갖는 것처럼 어리석은 일은 없다.

일도 그렇듯이, 연애도 확실하게 집중해야 할 때는 그렇게 해야 한다. 뜨뜻미지근한 연애가 아니라 온 마음과 감정을 쏟아붓는 연애를 해봐야 한다.

내 모든 에너지를 쏟아부었다가 나만 다치게 될까 봐 걱정하는 사람들도 있다. 여기서 문제는 상처 입을까 봐 마음을 반만 준다고 상처를 받지 않는 것은 아니라는 점이다. 상대방에게 자연스럽게 가는 마음을 조절하는 것도 불가능하지만, 반을 주었다고 해서 상처도 반만 받을 수 있다는 건 착각이다.

친한 사람들과 모이는 즐거운 자리에서도 처음부터 끝까지 쿨함으로 무장하는 사람도 있다. 사람은 편한 지인들 앞에서 긴장이 풀어지면서 실없는 농담을 주고받기도 하고, 최근 속상했던 마음을 털어놓게 되기도 한다. 그런데 항상 '괜찮아 보이기'를 원하는 사람들은 언제든 마음의 문을 도통 열지 않는다. 때로는 직장생활이 힘들다며 하소연해도 좋을 텐데 그렇게 하지 않는다. "두고 봐. 나 내일 정말 사표 쓴다니까!" 하고 농담 반 진담 반으로 호기를 부려봐도 좋을 텐데 굳이 "나만 힘든가? 모든 직장인이 다 힘든 거지, 뭐" 하며 속마음을 감춘다. "나 요즘 외로워. 너도 그러냐?" 하며 마음을 나눠도 좋으련만 내내 아무렇지 않은 척, 괜찮은 척 한다. 진짜 속마음을 드러내는 걸 꺼림직하게 여긴다. 친구들이 나를 어떻게 볼까 걱정도 한다. 이러니 친구들과 함께 있는 자리에서도 제대로 쉴 수 없다.

다른 사람에게 피해를 주는 일이 아니라면, 지나치게 쿨해질 필요가 없다. 남들 앞에서 괜찮아 보이려고 하면 할수록, 뒤로 골병이 든다. 내 마음이 하고 싶은 걸 못 하게 막아야 하고 감정을 가둬두어야 하니, 사방이 막힌 감옥에 갇힌 것처럼 답답해진다. 가둬 둔 감정은 건강하지 않다. 언제나 괜찮은 것처럼 보이는 사람은 실은 괜찮지 않다는 걸 기억하자.

감정 솔루션

억지로 괜찮은 척하면 마음이 병든다

* 상처받을 게 두려워 상대에게 마음을 반만 준다고 상처를 반만 받는 건 아니다. 오히려 마음을 드러내고 표현했을 때 미련도 없다.
* 다른 사람에게 잘 보이기 위해 애써 쿨한 척, 괜찮은 척할 필요는 없다. 사람들은 마음을 먼저 표현하는 사람에게 자신의 마음도 열며 다가오는 법이다. 게다가 억지로 감정을 누르면 내 마음이 병이 든다.

"아무것도 하기 싫어요"

(　　　　　　우울함　　　　　　)

살다 보면 누구나 우울한 감정을 느낀다. 성향에 따라 누구는 조금 더 자주 느끼고, 또 누군가는 덜 느끼기도 한다. 기질이나 성향 차이가 있다. 이처럼 강도나 횟수 차이는 있지만 기본적으로 우울함은 누구나 느끼는 감정이다. 사람들은 "나 요즘 우울해"라는 말을 수시로 하기도 하고 주변에서 듣기도 자주 듣는다. 그런데 우울한 감정은 위험한 속성이 있다. 사람의 기운을 처지게 만들고 자신만의 감정 속으로 빠져들게 한다.

최근에는 '카페인 우울증'이라는 용어도 생겼다. 카페인을 너무 많이 섭취해서 우울해졌다는 의미가 아니다. 여기서 '카페인'

이란, 카카오스토리, 페이스북, 인스타그램의 앞 글자를 따서 만든 줄임말이다. 대개 누군가의 SNS를 보고 있으면, 부러운 마음이 절로 든다. 나는 한 달 월급을 한 푼도 안 쓰고 모아도 못 살 비싼 물건을 상대방은 아무 고민 없이 돈을 쓰며 '플렉스_{flex}'한다. 그런 사진들을 접하고 상대적 박탈감을 느껴 우울해지는 감정 질환이 바로 카페인 우울증이다.

그런데 자세히 살펴보면, SNS에 올리는 사진들은 대부분 자랑거리로 넘쳐난다. 오랫동안 갖고 싶었던 물건을 샀을 때, 평소 자주 먹지 못하는 음식을 먹게 되었을 때, 인기가 좋은 장소에 방문했을 때, 고생 끝에 자격증을 땄을 때, 우리 아이가 학교에서 상을 받거나 부러워할 만한 대학에 진학했을 때 등이다. 아침마다 가기 싫다는 아이를 유치원에 보내려고 전쟁인 우리집 거실, 출근할 때 사람들에 부대끼는 지하철 안, 상사에게 혼나고서 건물 옥상에 올라 한숨 쉬는 내 모습, 퇴근하고 마주한 설거지통 안에 가득 찬 그릇들은 SNS에 올리지 않는다.

미국 아칸소대학교를 포함한 대학 연합 연구팀은 SNS를 많이 하는 사람일수록 우울증에 걸릴 확률이 높다는 결과를 발표했다. 그 외에 영국과 오스트리아에서 진행된 연구를 통해서도 SNS 사용 시간이 증가할수록, 자존감은 떨어지고 우울함과 불안함은 증가한다고 볼 수 있었다. 멋지고 즐거운 일들만 골라서 올린 글은 상대방이 보게 되니, 이는 지극히 당연한 결과다. 그러고 보면 IT의 발달로 남들이 어떻게 사는지를 시시각각 확인할 수 있는 탓에, 현대인의 우울증이 더 가중되는 듯도 싶다.

그런데 이처럼 우울함을 느꼈다면 주변 사람들에게 말하고 도움을 청하면 되는데, 그마저도 쉽지 않다. "기쁨은 나누면 배가 되고 슬픔은 나누면 반이 된다"라는 옛말이 있다. 인간은 자신의 슬픔을 주위 사람들에게 표현하여 위로와 도움을 받았고, 기쁨을 드러내 행복한 순간을 함께 즐겼다. 감정은 사람과 사람을 이어주는 역할을 했다. 하지만 언제부턴가 사람들은 감정을 숨기기에 급급해졌고 포커페이스로 변해갔다. 감정을 드러내서 상대방에게 속마음을 들키는 것보다 감정을 숨겨 아무 문제 없는 사람으로 보이고 싶어 한다. 사람들은 더 이상 감정을 솔직하게 표현하지 않는다.

특히 연예인, 정치인 등 대중 앞에 나서는 기회가 많은 사람은 직업의 특성상 감정을 표현하고 나누기가 더 어렵다. 섣불리 속마음을 털어놓기가 두렵다. 내 마음은 시한폭탄처럼 언제 터질지 모르는데, 이 힘든 감정을 나눌 사람이 주위에 없을 뿐 아니라, 그럴 엄두도 못 낸다. 폐쇄적으로 생활하는 사람일수록, 늪과 같이 점점 빠져드는 우울함을 견디기 힘들다. 그렇다면 우울함이 밀어닥칠 때 재빨리 빠져나올 수 있는 방법이 있을까?

말과 행동을 바꿔서 우울함을 줄이다

상상 이상으로 간단하지만 분명 효과가 있는 방법들이 있다. 가장 먼저 할 수 있는 건, 우울하고 괴로워 보이는 표정을 바꾸는 것이다. 사람은 기쁠 때 웃지만, 웃으면 기뻐지기도 한다. 뇌과학적으로 그렇다. 캘리포니아대학교 정신과 교수인 폴 에크만 Paul Ekman 박사는 1985년에 "감정을 가지면 얼굴에 표정이 나타난다. 그리고 반대로 얼굴에 표정을 지으면 그 감정이 내면에 발생한다"라는 획기적인 연구 결과를 발표했다.

우리의 몸과 감정은 밀접하게 연결되어 있다. 이를테면 행복할 때는 체온이 따뜻해지고 입꼬리가 자연스럽게 올라간다. 불안할 때는 눈동자가 좌우로 빨리 움직이며 호흡이 가빠지고 안절부절못한다. 무언가에 놀라거나 두려울 때는 몸이 순간적으로 경직되고 동공이 확대된다. 그렇다면 화가 날 때는 어떨까? 화가 나면 호흡이 가빠지고 체온도 올라간다. 단순한 화가 아니라 격노에 이르면, 몸이 부들부들 떨리고 이마에 땀이 맺힌다. 얼굴은 새빨개지고 주먹을 불끈 쥔다.

이때 표정을 바꾸어 감정을 변화시킬 수 있다. 물론 분노를 즐거움으로 한순간에 바꿀 수는 없다. 그러나 적어도 화의 강도를 일정 부분 누그러뜨리는 건 가능하다. 우리의 뇌는 진짜 미소와 가짜 미소를 구분하지 못한다. 그래서 속이 상하더라도 미소를 지으면, 분노가 점차 누그러진다.

표정뿐 아니라 우리의 자세도 감정과 직결되어 있다. 우울한 사람들을 관찰해보면, 벌써 자세부터 다르다. 어깨와 등이 구부정하고 어깨를 축 늘어뜨린 상태로 걸어 다닌다. 시선은 위쪽이 아닌 발 아래에 고정되어 있고, 걸음걸이에는 힘이 없다. 신기한 건 기분이 좋을 때 내 몸을 우울한 자세로 바꾸고 나면 멀쩡했던 기분이 점점 가라앉아 우울해진다는 점이다. 그러니 특히나 우울할 때는 어깨를 쭉 펴고 시선을 위쪽으로 고정한 채 살짝 빠른 보폭으로 걷는 것이 좋다.

한편 사용하는 언어도 중요하다. 교도소 수감자들을 대상으로 한 연구에서 수감자들이 사소한 일에도 쉽게 흥분하고 감정에 휩싸여 범죄를 저지르는 이유 중 하나가 바로 그들이 쓰는 거친 언어 때문이라는 결과가 있다. 이들은 길을 지나가다가 행인들과 어깨만 부딪혀도 매우 과격한 언어를 사용하며 쉽게 화를 냈고, 이는 자주 폭력으로 이어졌다. 자신이 사용하는 언어가 자신의 뇌 속에서 해당 감정을 만들어내기 때문이다. 회사에서 마음고생한 일이 있어서 "아, 힘들어 죽겠네!"라고 혼잣말을 했다고 하자. 그 말을 내뱉은 순간, 내 감정은 금방 죽을 것처럼 몇 배는 더 힘들어진다. 평소 "죽고 싶어"라든가 "미치겠어" 등의 극단적인 말을 습관적으로 쓰는 경우, 그에 맞춰 감정도 깊어지는 사례가 많다. 무서운 일이다. 게다가 언어는 전염된다. 자주 만나는 가까운 이들끼리는 사용하는 언어가 닮아가며, 감정 상태 또한 비슷해진다.

사람들은 "시간이 지나면 괜찮아지겠지" 하며 자신의 감정 상태를 그냥 방관할 때가 있다. 또는 "내가 다 감사함이 부족해서 이래. 우울할 이유가 어디 있다고 내가 우울한 거야?" 하며 자신의 마음을 무시한다. 우리 모두 감정에 대해 너무 무지해서 그렇다. 지금까지 살면서 감정을 다루는 방법을 제대로 배운 적이 없기 때문이다. 그래서 인생의 고달프고 우울한 순간에 부딪혔을 때 감정을 주체하지 못하고 쉽게 압도당한다.

해수욕장에는 어느 지점을 넘어가면 위험해질 수 있다는 표시로 하얀 공들을 눈에 잘 보이게 띄워놓는다. 물놀이를 하려고 바닷가에 도착하면, 부모들은 아이들에게 안전신호에 대해 가르친다. "저 하얀 공을 넘어 가면 안 돼. 그 뒤편은 위험해." 이렇게 안전사

고에는 예민한 부모들도 막상 아이들이 하루에도 몇 번씩 경험하게 될 부정적인 감정에 대해서는 명확히 가르치지 않는다. 바닷가에서 익사할 가능성보다 자신의 감정을 제대로 다루지 못해 위험해질 가능성이 훨씬 더 높은데도 말이다. 최근에는 아이들이 우울함을 느끼면서 마음이 힘들어지는 사례와 빈도수가 어른 못지않다. 우리의 소중한 아이들이 감정에 익사당하지 않도록 감정을 다루는 방법을 가르쳐야 한다. 나와 타인의 의욕을 상실하게 만드는 우울함 때문에 인생을 망치거나 목숨을 잃는 가슴 아픈 사건이 더 이상 발생해서는 안 된다.

감정 솔루션

말과 행동만으로 우울함의 강도를 낮추다

* 말과 행동은 감정과 직결된다. 우리가 하는 말과 취하는 행동이 우리의 감정을 결정한다. 그러니 우울할 때는 바로 자리에서 일어나 그 공간을 빠져나가는 게 좋다.

* 어깨를 움츠리거나 땅을 보며 힘없이 걷지 말자. 대신 몸을 쭉 펴고 기지개를 켜거나 천천히 스트레칭을 해보자. "죽겠어" 또는 "미치겠어"와 같은 부정적인 말도 사용하지 않도록 주의한다.

우울한 감정을 줄이는 응급조치법

❶ 일단 몸부터 움직인다.

기분이 가라앉는 것을 느끼면 자리에서 일어나서 몸을 계속 움직여준다. 밖으로 나가 맑은 공기를 마시자. 간단히 스트레칭을 하거나 산책을 하자. 계속 한 자리에 웅크리고 있지 않는 것이 중요하다.

❷ '생산적인 일'이라고 생각되는 행동을 한다.

너무 오랫동안 TV를 보거나 인터넷, 게임 등을 하고 나면 시간낭비를 했다는 자책감까지 더해져 자칫 우울함이 더 깊어진다. 특히 효율적으로 시간을 관리해야 한다고 생각하는 현대인들은 더더욱 그렇다. 설거지, 자동차 세차, 청소, 음식 만들기, 책상 정리, 독서, 부모님 방문 등 스스로 보람 있다고 느낄 만한 일을 찾아서 해보자.

❸ 스스로를 살뜰히 보살핀다.

배려는 타인에게만 해주는 게 아니다. 내가 우울하면 자신의 기분을 맞춰주자. 평소 좋아하던 식당에 일부러 찾아간다. 또 평소에 가고 싶었던 장소에 나를 데려간다. 스스로를 다독이고 기운을 차리도록 도와주자.

❹ 우울할 때 적용할 응급조치 리스트를 만든다.

평소 자신이 좋아하는 음식, 취미, 생활 습관, 사람 등을 생각해본 후,

우울할 때 즉시 적용할 수 있는 응급조치 목록을 미리 만들어둔다. 기분이 안 좋을 때는 '평소 즐겨듣던 음악을 들으며 마라탕을 먹는다'거나 '코미디멜로 드라마를 본다' 등이 될 수 있다. 이 목록은 잘 보이도록 벽에 붙이거나, 휴대폰에 저장해두고 수시로 활용한다.

"나는 왜 항상 이 모양일까?"

(낮은 자존감)

자존감은 나 자신을 스스로 존중하는 감정이다. 자존감이 낮은 사람들은 대개 타인과 나를 비교하면서 상대적으로 못났다는 생각을 한다. 그래서 "다시 태어나면 나 같은 사람 말고, ○○처럼 태어나고 싶다"고 말하기도 한다. 그런데 이처럼 내가 나를 존중하지 않으면 남도 나를 무시한다. 우리는 스스로를 아끼고 위하는 것에 매우 인색하다.

우리 사회는 입는 것, 먹는 것을 중요시 여기는 사람을 속물로 생각해왔다. 다른 사람들에게 선물을 사주거나 베푸는 건 미덕이라 칭송했지만, 타인이 아닌 자신에게 후한 사람은 좋은 시선으로 바라보지 않는다. "그냥 대충 먹고 아무거나 입으면 되지, 뭘 자기 한테 그렇게 돈을 쓸까? 유난스러워!" 보태준 것도 없으면서 괜히 수군댄다.

　물론 스스로를 위하는 태도가 너무 지나치면 거슬릴 수도 있다. 남에게는 인색하면서 자신과 관련된 것에만 혈안이 되어 있다면, 그것도 보기 민망하다. 하지만 반대로 자신을 돌볼 줄 모르는 것도 문제가 된다. 자신을 위해 투자할 줄 알아야 건강한 사람이다.

내 가치는 내가 결정한다

나의 가치는 남들이 정하는 게 아니다. 요즘 Z세대들은 "난 다른 사람과 다르다"는 생각이 상대적으로 확고하다. 남들이 다 저 방향으로 간다고 해서 대세를 따를 필요가 없다고 여긴다. 남들이 좋다고 하니까 따라서 구매하는 게 아니라, 스스로 의미 있다고 생각하는 물건을 선별해서 산다. 이들에게는 남들의 평가나 제품의 명품 여부가 중요하지 않다. 자신의 생각과 판단이 중요하다고 믿는다.

　자신이 어느 세대에 해당하든, 타인의 평가에 나를 맡길 이유가 없다. 나에 대해 잘 알지도 못하면서 어설프게 나의 신념, 생각, 역량을 판단하는 사람들에게 휘둘리는 건 안타까운 일이다. 물론 본인에게 부족한 부분이 있다면, 그 부분은 주변의 의견을 받아들여 노력해서 채워나가면 된다. 노력해도 안 되는 부분이 있다면, 단점에 집중하기보다는 나의 강점을 살리면 된다. 지구상에 완벽한 인간은 없고, 또 완벽히 못난 인간도 없다. 그러니 남들에게 "나 어때? 나 별로야?"라고 끝없이 묻거나, 남들과 비교하면서 자신을 평가절하하는 행동은 멈춰라.

당신이 직장에서 어려운 목표를 기어코 달성했을 때, 상사에게 칭찬을 받거나 동료들의 인정을 받을 수 있다. 그런데 문제는 당신의 노력을 사람들이 항상 알아주는 게 아니라는 거다. 정말 최선을 다했지만 일이 생각대로 풀리지 않은 경우는 흔하다. 몸이 아파도 급한 업무를 처리하기 위해 이 악물고 회사로 출근한 경우에도 "고맙다"는 말 한마디 들어보지 못할 때도 많다. 종일 업무에 시달리다 퇴근해서 집안일까지 했지만, 가족들은 오히려 잔소리만 늘어놓는다. 당신도 사람이라 어쩔 수 없이 힘이 빠진다. "난 왜 제대로 하는 게 없을까?" 싶어 자존감이 떨어진다. 이런 순간이 바로 당신이 자신을 후하게 대해야 할 때다. 묵묵하게 최선을 다한 자신에게 "잘했어. 대견해!"라고 말해주자. 다른 사람을 칭찬하듯 애정을 가지고 스스로를 칭찬하는 것이다.

사람의 몸과 마음은 하나로 연결되어 있다. 그래서 몸과 마음은 같이 움직인다. 내 몸을 편안하게 만들면 마음에도 여유가 생긴다. 속상할 때 어두컴컴한 방구석의 차가운 바닥에 웅크리고 앉아 있는 것보다는 푹신한 의자에 앉아 편안하게 휴식을 취하고 나면 한결 기분이 나아진다.

나를 위하는 일은 말로만 끝내지 말자. 자신이 좋아하는 음식을 먹자. 평소에는 아이들 식성을 따라가느라 외식 때마다 메뉴 선택권이 없었다면, 가끔은 당신이 먹고 싶은 음식을 먹는다. 옷 가게에 가서 당신이 좋아하는 색깔의 티셔츠도 골라보자. 오로지 당신 자신을 위한 쇼핑을 하는 거다. 다른 사람들이 뭐라고 하지 않을까 망설일 필요 없다. 어차피 당신이 직접 입고 쓸 당신의 물건이다. 마음 가는 대로 하는 게 맞다.

간혹 "내가 성공만 하면, 이렇게 살지는 않을 겁니다"라며, 성공한 다음에 자신을 소중히 챙기겠다는 사람도 있다. 그러나 성공하려면 성공한 것처럼 살아야 한다. 성공하려면 진짜 성공한 것처럼 생각하고, 말하고, 행동해야 한다. 마치 강해지려면 강한 척하라는 것과 같다. 강한 척하다 보면 어느 순간 강인해진 자신을 발견할 수 있다. 자신감 있게 살고 싶다면 자신 있는 것처럼 행동하면 된다. 누구이 말했듯이, 몸과 마음은 하나라서 행동을 바꾸면 마음 상태도 바뀐다. 고개를 들고 어깨를 펴고 당당하게 걸어보자.

그러면 어느 순간 내면의 힘이 채워진 자신의 모습을 발견할 수 있다.

자존감은 하루아침에 생기는 것이 아니다. 오늘 이 순간부터 나 자신을 소중히 대해야 한다. 세상에서 가장 오래, 가장 가까이에서 나와 함께할 존재는 부모도 아니고, 형제자매도 아니고 친구들도 아니다. 바로 '나 자신'이다.

감정 솔루션

내가 나를 아껴야, 남도 나를 아낀다

* 다른 사람에게 존중받으며 사랑받고 싶다면 나부터 스스로를 존중하고, 사랑해야 한다. 내가 나를 아끼지 않으면 남도 나를 아끼지 않는다. 자기 자신을 소중한 존재로 다뤄야 한다.

* 보상과 칭찬은 남들만 줄 수 있는 게 아니다. 자신이 잘한 일에 반드시 스스로 보상과 칭찬을 해주자. 당연하다고 여기고 그냥 넘어가지 말자.

* 성공하고 싶다면 성공한 것처럼 행동하라는 말이 있다. 자신감 있는 사람이 되고 싶다면 자신감 있게 행동하면 된다. 행동을 바꾸면 마음 상태도 자연스럽게 바뀐다.

나 자신을 소중하게 대하는 법

---

❶ 아침에 거울을 보며 "○○○, 넌 이 지구상에 단 하나뿐인 소중한 존재야"라고 스스로에게 말해보자. 이런 행동이 유치하다고 생각될 수도 있다. 하지만 말에는 힘이 있어서 자꾸 듣다 보면 본인도 세뇌된다. 내가 다른 사람과 비교할 수 없는 특별한 존재라는 걸 자신에게 각인시키자.

---

❷ 당신 자신을 위한 날을 만들자. 한 달에 한 번 자기 자신에게 상을 주는 것이다. 지난 한 달간 고생했던 본인이 원하는 것이 무엇인지 찬찬히 생각하는 시간을 가져보자. 배우자, 가족들, 주위 사람들에게만 원하는 것을 묻지 말고 고생 많았던 나 자신에게도 물어보자. 다른 사람을 칭찬하고 선물을 건네듯, 스스로에게도 상을 줘야 한다.

---

❸ 자신을 가꾸자. 아무거나 먹고 아무거나 입지 말자. 자신을 위해 좋은 음식을 먹고, 마음에 드는 옷을 골라서 입어보자. 자신이 귀한 존재라는 걸 더 직접적으로 느낄 수 있을 것이다.

"진짜 내 모습을 알면
사람들이 실망할 거야"

(**가식**)

언제부터였는지 정확히는 모르겠지만 화장을 하지 않은 민낯의 연예인들이 TV에 등장하기 시작했다. 이전에 배우, 가수, 방송인 들은 이미지를 생각하여 항상 최상의 상태로 대중 앞에 나섰다. 그런데 몇 년 전부터는 세수만 겨우 한 맨얼굴로 24시간 먹고 자는 모습을 그대로 보여주는 방송 프로그램들이 대세를 이루었다. 심지어는 잠자리에서 부스스한 머리로 일어나 세수하는 모습도 자주 등장한다.

　명품 브랜드의 옷만 걸치고, 메이크업 전문가에게 화장을 맡기며, 집에서 손에 물 한 방울 묻히지 않을 것 같은 배우들도 화장을 하지 않은 얼굴로 눈가의 주름을 여과 없이 드러내며 웃는다. 몸빼 바지를 입고, 쭈그리고 앉아 파를 썰고 김치찌개를 끓인다. 식탁 의자에 발이 걸려 넘어지기도 한다. 이론적으로는 시청자들이 그런 허술한 모습에 환상이 깨져 실망해야 했다. 그러나 반대였다. 시청자들은 그들의 소탈한 모습에 오히려 매료되었다.

이제는 정치계에서도 선거 후보자들이 집에서 요리하다가 허술한 모습을 보이고, 배우자에게 잔소리를 듣는 장면을 노출하는 게 인간미를 보여주는 최고의 전략이 된 듯하다. 또한 방송 중에 배우자에게 서운한 일들을 앞다투어 털어놓는가 하면, 가족들과의 힘들었던 일이나 상처 등을 공개적으로 상담 받기도 한다. 빚이 있다는 걸 알리고 갚고 있다고 당당히 밝히기도 한다. 이혼 남녀의 연애를 공개적으로 도와주는 프로그램도 인기다. 솔직함이 진짜 대세가 된 것이다.

이젠 솔직함이 매력이다

우리도 마찬가지다. 솔직한 모습을 드러내는 사람에게 더 마음이 끌린다. 그래서 솔직하게 스스로를 보여주는 것에 대해 걱정할 필요가 없다. 자신을 궁금해하는 사람들에게 자신의 생각, 사는 모습을 있는 그대로 보여줘도 괜찮다. 내가 아는 한 지인은 항상 타인의 눈치를 본다. 자신의 진짜 생각은 숨긴 채, 사람들의 눈치를 살핀다. 대화를 할 때마다 상대의 구미에 맞는 내용을 나누려 한다. 막상 본인은 아무 관심이 없는 요가나 영화 주제에 대해서도 '흥미 있는 척'한다. 문제는 이렇게 다른 사람들을 중심에 두고 초점을 맞추는 순간부터 관계가 어색해진다는 점이다.

사람들에게는 누구나 타인에게 잘 보이고 싶은 마음이 있다. 그런데 모든 사람들에게 '괜찮은 사람'으로 남으려고 하면 결국 줏대 없는 사람으로 전락하고 만다. 혹여 상대방이 만족할지 몰라도 정작 나 자신은 만족하지 못한다. 장자는 이런 말을 남겼다.

궁사가 무엇도 바라지 않고 활을 쏠 때 최고의 실력이 나온다.
그는 우승하려고 활을 쏘는 순간부터 초조해진다.
상금이 그를 혼란스럽게 만들고, 이내 그는 걱정에 빠진다.
그가 활쏘기보다 우승에 더 마음을 두면서 이겨야 한다는 생각이 그를 지배하고 그의 힘을 빼앗아 간다.

사람들에게 존경을 받고 싶으면 존경받아야 한다는 생각부터 버리자. 그러면 사람들은 당신을 더 훌륭한 사람으로 여길 것이다.

중요한 사람으로 대접받고 싶다는 생각을 하지 않으면 사람들은 당신을 더 소중히 생각하며 중요한 인물로 대한다.

사실 사람은 누구나 자기 자신에 대해 이야기하는 것을 즐긴다. 경청이 쉽지 않은 이유가 바로 그 때문이다. 누군가 자신이 좋아하는 음식 이야기를 하면 나도 얼른 내가 좋아하는 음식을 말해주고 싶어서 좀이 쑤신다. 상대방의 이야기도 별로 귀에 들어오지 않고, 이제나저제나 상대방의 말이 끝나기만을 기다리는 게 사람의 마음이다. 그런데 상대방에게 잘 보이기 위해 나오는 상관없는 이야기들을 늘어놓으면 말하는 나도 피곤하고, 상대도 이상하게 흥미를 잃는다. 대화가 재미도 없고 공허하게 느껴지기 때문에 대화하는 행위 자체가 피곤하게 느껴진다.

막상 사람들은 당신에게 큰 관심이 없다. 당신이 생각하는 것만큼 당신을 관찰하지도 않고, 관심을 갖지도 않는다.

지난 주말, 최 프로는 입사 후 3년 동안 기르던 긴 생머리를 단발로 잘랐다. 일요일 저녁 내내 거울을 바라보며 이리저리 머리를 매만진다.

'사람들이 내일 내 머리를 보고 뭐라고 말할까? 쑥스러워서 어떻게 출근하지?'

그녀는 아침 일찍부터 일어나 정성들여 드라이를 한다. 그리고 사무실에 들어선다.

"우와, 이게 뭐야. 머리 스타일이 달라졌네!" 하는 함성을 은근히 기대하며 자리로 가는데 너무 조용하다. 아직 나를 못 본 걸까? 그런데 사람들이 아침 인사를 하면서도 최 프로의 머리가 달라졌다는 것을 아무도 알아채지 못한다. 그때 옆에 앉은 신입사원이 살짝 고개를 돌리며 아는 체한다.

"프로님, 신발 새로 사셨어요?"

우리는 주변 사람들이 항상 자신을 주시한다는 착각을 한다. 그러나 천만의 말씀이다. 바뀐 머리 모양이 자신에게는 큰 변화겠지만, 다른 사람들에게는 그렇지 않다. 이런 점이 좋은 쪽으로 영향을 미칠 때도 있다. 1년 전, 직장에서 당신이 저지른 실수를 스스로는 큰 수치로 기억하고 있지만, 다른 사람들은 이미 잊은 지 오래다. 기억하냐고 물어보면, "아, 그때 그런 일이 있었나?" 한다.

치명적인 비밀만 아니라면 생활 습관이든, 성격이든 감추지 말자. 하루 종일 신었던 양말을 벗어 침대 밑에 숨기는 버릇이든, 예쁜 옷만 보면 앞뒤 안 재고 무조건 결제하는 습관이든, 아침 설거지를 밤까지 쌓아놓는 게으름이든 별로 색다를 게 없다. 남들도 대부분 비슷비슷한 습관들을 갖고 살아간다.

　한번 솔직하고 나면 더 이상 창피할 것도 숨길 것도 눈치 볼 것도 없다. 모르는 것을 아는 척할 필요도 없다. 안 가진 것을 가진 것처럼 말해놓고, 언제 들킬까 전전긍긍하지 않아도 된다. 솔직한 만큼 더 많이 자유로워진다.

솔직하면 삶이 편해진다

✴ 좀 더 솔직해져도 아무 문제 없다. 아닌 걸 맞다고 말하지 말자. 안 가진 걸 가졌다고 할 필요도 없다. 만약 솔직하게 자신을 내보였을 때, 상대방이 당신을 무시하면 그는 함께할 가치가 없는 사람이다.

✴ 나의 욕구와 생각을 누르고 타인에게 맞추다 보면, 언젠가 내가 지치게 되어 있다. 그런 관계는 오래 지속되지 못한다. 솔직하게 자신의 모습을 드러내고 상대방과의 공통점을 찾는 편이 더 좋다.

"그 일 아니면, 그 사람 아니면
나는 끝이야"

(집착)

누구나 무언가를 간절히 바랐던 기억이 있다. 현재도 그 사람이 아니면, 그 일이 이루어지지 않으면 안 된다는 절실함을 갖고 있을 수 있다. 그런데 참 이상한 건, 그토록 바라는 일의 대부분이 잘 되지 않을 때가 더 많다는 점이다. 지나치게 집착하면 반드시 잃게 된다는 관계의 법칙이 적용하기 때문이다. 간절히 바라는 에너지가 상대방 또는 어떤 상황을 더 멀리 달아나게 한다.

일단 무언가에 집착하면 우리 마음의 균형이 깨진다. 그리고 깨진 마음의 파장은 주위에 부정적인 영향을 미친다. 결국 사람은 멀어지고 상황은 그르친다.

'물 흐르는 대로'라는 말이 있다. 상황은 물 흐르듯이 자연스럽게 흘러가는 것이 가장 좋다. 그렇다고 해서 될 대로 되라는 식으로 두라는 뜻은 아니다. 아무 노력도 하지 않고, 그저 상황이 돌아가는 대로 방치하라는 것도 아니다. 할 수 있는 만큼 최선을 다하되, 마음의 균형을 잃으면서까지 무언가에 집착하지 말라는 것이다. 집착하면 멀어진다. 그것이 업무든, 승진이든, 돈이든, 연애든 동일하게 적용된다.

무엇보다도 인간관계가 그렇다. 하루 종일 애인의 전화를 기다리고, 온통 그 사람만을 생각하며, 주말 내내 함께 있고 싶어 한다. 수시로 애인의 옷과 액세서리를 사주고, 데이트를 하는 동안에는 애인이 혹시나 기분이 언짢지 않을까 노심초사한다. 그러면 어느 날 애인이 말한다. "그만 만나. 네가 너무 부담스러워." 당신의 에너지가 지나치게 애인에게 몰리면 마치 자석의 극처럼 상대방은 멀어진다.

승진 또한 그렇다. '이번만큼은 기필코 승진해야지' 하고 마음을 먹는다. 임원들이 참석하는 모임에 꼬박꼬박 얼굴을 비치고, 의미 있는 미팅을 주도하려고 열심이다. 윗선에 올리는 보고서 하나에도 정성을 기울이고, 보고할 때도 임원의 한마디 한마디에 준비된 답변을 한다.

그런데 이렇게 죽기 살기로 승진을 향해 달려가는 사람이 승진에서 탈락하는 경우가 의외로 꽤 많다. 주변에서는 다들 의아해한다. "올해는 당신이 승진할 줄 알았는데, 이해가 안 가네요!" 신기하게도 사람은 서로 직접적인 말을 하지 않아도 상대방의 속마음을 대략 알아차린다. 승진에 대한 비장한 각오로 주변을 맴도는 직원은 임원들에게 부담스러운 존재다. 기필코 승진하겠다는 본인의 각오는 이해하지만, 임원들 마음속에 복잡한 생각과 감정이 생긴다. "죽기 살기로 승진에 목숨을 거는 이 사람이 정말 승진할 만한가?"를 평소보다 더 치밀하게 검토하고 재고한다.

부부 사이도 마찬가지다. 아내는 남편을 집에 더 많이 붙잡아 두고 싶어 한다. 귀가 시간이 밤 10시를 넘기는 날이면 30분에 한 번씩 전화를 건다. "거기 어디야? 왜 아직 안 들어와?" 아내의 목소리가 애절하다. 거의 끝났다고, 조금 있으면 사람들과 헤어져 집으로 갈 거라던 남편은 밤 12시가 넘어도 소식이 없다. 이젠 전화도 받지 않는다. 아내가 그럴수록 남편은 집에 들어가기 싫어진다. 아내가 특별히 바가지를 긁는 것도 아니고, 부부 사이가 유달리 나쁜 것도 아닌데 아내가 남편에게 집착할수록 남편은 벗어나고 싶어 한다.

논쟁도 그렇다. 누군가와 날카로운 논쟁을 벌인다. 반드시 상대를 설득하고야 말겠다며 상황을 강하게 몰아세울수록 상대방 역시 주장을 굽히지 않는다. 그런데 "내 의견이 맞을 수도 있고, 당신이 맞을 수도 있지"라고 말하면 의외로 상대방의 태도가 달라진다. 귀를 막고 내 말은 듣지 않던 상대방이 내 이야기를 경청하기 시작한다.

포기도 능력이다

무언가에 집착하면 그때부터 특별한 감정이 생기기 시작한다. 축구선수가 게임을 하면서 "이번 경기에서는 꼭 공을 넣어야 해"라고 생각한다고 가정해보자. 그런데 경기의 흐름이 자신의 생각과 반대로 흘러가게 되면, 선수는 서서히 초조해지기 시작한다. 뜻대로 되지 않으니 화도 난다. 선수가 감정적으로 흥분한다면 백발백중 경기는 실패로 끝난다. 평소 하지 않던 실수를 하고, 무리한 플레이로 반칙을 해서 퇴장당할 수도 있다. 물론 우승하겠다는 목표를 두고 최선을 다해 경기를 하는 것은 매우 바람직하다. 경기 도중에 우승을 향한 굳은 의지로 장애물을 극복하는 것은 칭찬받을 만하다. 그러나 목표를 향해 의지를 불태우는 것과 집착은 다른 문제다. 집착은 '이것 아니면 난 끝이다!'라는 극단적 사고방식이다.

집착은 마음과 몸을 경직되게 만든다.

잠도 그렇다. 불면증으로 고생하는 사람이 있다. 잠을 자기 위해 온갖 방법을 동원하지만 저녁이 될수록 정신은 또렷해진다. 결국 잠들기를 포기한다. 신기한 것은 포기를 하고 나니까, 그때부터 자연스럽게 잠이 온다. 대개 불면증을 가진 사람은 잠이 안 오는 것 때문에 매우 괴로워한다. 조금이라도 피곤하거나 머리가 지끈거리면 잠을 못 잤기 때문이라고 생각한다. 모든 걸 잠과 연결시키는 것이다. 따라서 밤이 되면 무조건 자야 한다는 강박에 시달린다. 잠을 자지 않으면 정상적인 생활을 하지 못한다고 여기기 때문에 초조해진다. 그런데 사실은 '자지 못하면 큰일이 난다'라는 바로 그 생각 때문에 잠을 이루지 못하는 것이다. 잠에 대한 집착이 오히려 잠을 멀리 쫓아낸다.

건강도 그렇다. 건강에 자신이 없는 사람들은 "나는 하루 세 끼 영양식으로 꼬박꼬박 챙겨 먹어야 해. 안 그러면 몸이 쇠약해져"하고 말한다. 정말 그럴까? 하루에 두 끼만 먹으면 쓰러질까? 영양식을 챙겨 먹지 않으면 현기증으로 자리에서 일어나지 못할까? 특별히 몸에 지병이 있는 경우가 아니면 큰 문제는 없다. 하루 세 끼를 잘 챙겨 먹어야 한다는 생각 때문에 스스로 자유롭지 못하다. 제대로 못 먹었다고 느끼면 불안해하고 안절부절못한다. 오히려 그 스트레스로 건강을 해친다.

집착만큼 미련한 일도 없다. "이번에는 기필코 승진해야 해" 또는 "이 사람이 없으면 난 아무것도 아니야"라는 생각이 오히려 우리를 힘겹게 한다. 나 자신을 힘들게 하는 집착을 이제 버리자. 물론 지금까지 집착하던 것을 한순간에 내려놓을 수 있는 사람은 이 세상에 없다. 내려놓는 것 자체가 힘든 사람들도 있다. 그럴 때는 일종의 안전망을 스스로에게 제공하고 감정이 진정될 때까지 스스로 기다려줘야 한다. 붙들고 있던 집착을 버리는 것 자체가 고통이기 때문이다. 일정 시간 동안은 자기감정을 그대로 인정해주고 다독여주어야 한다.

상황에 따라 포기할 줄 아는 것은 분명 중요한 능력이다. 집착을 버리고 포기를 한 뒤에는 감정을 추스르고 일상으로 돌아와야 한다. 자칫 잘못하면 자기 감정에 익사당할 수도 있기 때문이다.

집착하면 멀어진다

* 집착하면 마음의 균형이 깨진다. 그로 인한 부정적인 영향이 일을 그르치게 만든다. 집착한다고 무언가를 더 얻을 수는 없다. 오히려 원하는 것에서 더 멀어지게 만들 때가 많다.

* 미련에 끌려다니지 마라. 마음을 비우고 포기한 후에는 자신의 감정을 추스르고 일상으로 돌아오자. 그 사람, 그 물건, 그 회사가 아니더라도 당신은 문제없다.

"일에 열정이 안 생겨요"

(의욕 상실)

아이들에게 "나중에 커서 뭐가 되고 싶나요?"라고 물으면 "대통령이요", "의사요", "피아니스트요"라고 대답한다. 대답을 들은 부모들은 만족스러워한다. 그런데 아이의 답이 부모의 마음에 들지 않으면, 부모는 아이의 마음을 돌리려는 시도를 한다. 자신들의 꿈과 로망을 자식이 대신 충족시켜주기를 바라는 마음 때문이다. 그래서 부모의 기대에 등 떠밀려 대학에 진학한 아이들은 열정이 없는 자신을 발견하고 좌절한다. 그러나 부모를 기쁘게 하기 위해 그만두겠다는 말은 차마 꺼내지 못한다. 원치 않는 길을 평생 걸어간다.

어떤 사람은 자신이 지금껏 무언가에 쏟아부은 시간이 아까워 잘못된 길인 줄 알면서 계속 나아가기도 한다. 3년 동안 고시를 준비해온 고시생은 우연히 자신이 좋아하고 즐거워하는 분야가 미술이라는 것을 알게 되었다. 법 공부를 할 때와는 달리 미술작품을 이야기할 때 그의 눈은 빛났다. 시간 가는 줄 모르고 미술 관련 서적을 파고든다. 미술을 제대로 공부하고 싶은 욕구가 있지만, 그렇게 하지는 않는다. 고시 준비를 했던 3년이라는 시간이 아깝기 때문이다. 지나온 3년의 시간 때문에 고시생은 하던 공부를 멈추지 못한다. 그리고 앞으로도 그 3년 때문에 인생의 대부분을 열정 없이 살아간다. 그렇다고 그가 법조계에서 두각을 나타내며 성공할 수 있을까? 확률은 낮다. 그 일에 열정이 없기 때문이다.

한 사람이 성공하기 위한 조건에서 재능이 전부는 아니다. 세계적으로 유명한 스포츠 선수들, 예술가들, 작가들은 본인의 천재성보다는 피나는 노력을 했기 때문에 그 자리에 올랐다고 말한다. 남들보다 더 많은 노력을 하기 위해서는 더 많은 시간을 투자해야 한다. 그 일을 좋아하지 않고서는 불가능하다. 열정이 없으면 안 되는 일이다.

두 명의 음악 선생님이 있다. 한 선생님은 "어린아이들이 음악을 알아봤자 얼마나 아나요? 그냥 배우겠다고 하니까 가르치는 거죠"라고 말한다. 또 다른 선생님은 "아이들에게 음악을 통해서 인생을 풍요롭게 만드는 법을 알려주고 싶어요"라고 말한다. 누가 이 일을 즐기는 걸까? 누가 아이들에게 더 훌륭한 선생님으로 기억될까? 누가 음악 교육자로 더 성공할 수 있을까? 당연히 두 번째 선생님이다. 어쩌면 첫 번째 선생님은 자신이 원해서 이 길로 들어선 것이 아닐지 모른다. 누군가의 강요로 음대에 진학했을 수 있다. 그런데도 음대를 졸업했다는 이유 때문에, 4년간 음악을 전공했다는 사실 때문에, 음악 지도가 싫어도 평생 음악을 가르치며 산다.

좋아하는 일을 해야 성공한다

사람은 자기가 좋아하는 일을 하고 있지 않을 때는 다른 사람들의 눈을 의식한다. 자신의 일에서 열정을 느끼지 못하기 때문에 남들에게 비치는 자신의 모습에 연연한다. 자신의 일에서 찾지 못한 만족을 주위 사람들의 인정으로 대신하려는 욕구가 있기 때문이다. 그렇게 재미없는 일을 억지로 하고 있으니 대신 더 비싼 옷, 더 최신 전자 기기, 더 좋은 물건으로 스스로를 위로한다.

우리나라 최고의 로펌 중 한 곳에 다니는 김 변호사는 토요일과 일요일에 근무하는 게 당연한 일상이다. 크리스마스, 설 연휴,

추석 연휴도 대부분 회사에서 보낸다. 퇴근은 보통 밤 12시가 넘어야 가능하다. 그렇기 때문에 매일 밤 잠들어 있는 가족들의 얼굴을 볼 수밖에 없다. 가끔 휴일이나 휴가가 주어질 때는 온몸이 몽둥이로 맞은 것처럼 피곤하여 집에 늘어져 있다. 사명감을 가지고 시작한 일이 어느새 힘든 노동이 되었다.

김 변호사에게는 습관 하나가 있다. 사건이 마무리될 때마다 백화점으로 달려가는 것이다. 남들이 단풍 구경을 갈 때 단풍잎 하나 구경하지 못한 것, 아이들을 데리고 마음 편히 놀이동산 한 번 가지 못한 것, 하루 종일 햇빛 한 번 보지 못하고 사무실에서 녹초가 되도록 일만 한 것 등에 대한 보상을 받기 위해서다. 그렇게 충동구매를 하고 나면 마음이 조금 풀리는 듯도 하다.

만약 당신도 김 변호사의 상황과 비슷하다면, 그 일을 별로 즐기지 않는다는 의미다. 문제는 하기 싫은 일을 견딘다고 성공할 수 있는 시대가 더 이상 아니라는 것이다. 자신이 좋아하는 일을 해야만 성공할 수 있다.

당신의 마음이 어디에 있는지 솔직하게 들여다보자. 물론 지금의 일이 자신이 정말 좋아하는 일인지, 적성에 맞는 일인지를 알기 위해서는 그 일을 겪어볼 최소한의 기간이 필요하다. 오늘 시작했는데 내일 아침에 "이 일은 나에게 맞지 않아"라고 말할 수는 없다. 일이 좋아지기까지는 그 일에 대해 어느 정도 파악하는 기간이 있어야 한다. 사과를 맛보지 않고 사과 껍질만 혀로 핥아본 후 "이 사과는 맛이 없군" 할 수는 없는 노릇이다. 그러나 그 일을 충분히 경험한 후에도 여전히 일에 대한 열정이나 흥미가 생기지 않는다면 다시 생각해볼 필요가 있다.

당신은 당신이 좋아하는 일을 통해서만 성공할 수 있다. 당신의 감정이 쏠리고 마음이 가는 방향으로 향해야 만족스럽게 일하고 살아갈 수 있다.

감정 솔루션

일에 의욕이 생기지 않을 때

* 일에 열정을 느끼지 못할 때는 다른 사람들이 자신을 어떻게 바라보고 있는지에 민감해진다. 일에서 찾지 못한 만족을 주위 사람들의 인정으로 대신 채우려고 한다.

* 자기도 모르게 관심이 가고, 누가 시키지 않아도 하고 싶고, 그 일을 하면서 즐거움을 느낄 때, 내 안의 열정이 살아난다. 현재 그런 일을 하고 있지 않다고 해서 당장 업무를 바꾸거나 회사를 이직하기보다는 여유를 가지고 적성에 맞는 일을 찾아보자.

* 본업을 바꿀 수 없다면, 부업을 고려해볼 수 있다. 좋아하는 분야를 토대로 우선 부업부터 시작해보자.

"시작하기가
왜 이리 힘들까"

(**두려움**)

박 파트장은 언젠가는 자기 사업을 하고 싶다. 그는 기계공학을 전공했고 현재 직장에 다닌 지 9년이 됐다. 주변의 지인들이 회사를 그만두고 창업을 한다고 하면 한없이 부럽기만 하다. 그럴 때마다 우유부단한 자신의 성격이 원망스럽다. 누군가 "그렇게 사업을 시작하고 싶으면 하면 되잖아요?"라고 말하면 사업을 시작할 수 없는 많은 이유를 늘어놓는다. 자기 사업을 시작하려면 현재 보유한 기술만으로는 어렵고, 창업에 대한 지식이 전혀 없기 때문에 우선 창업교육을 하는 기관에서 주중 저녁이나 주말마다 교육을 받으며 배워야 한다는 것이다. 박 파트장은 5년 전에 창업교육을 신청

했었지만 아이가 셋이라서 주말에 온전히 시간을 뺄 수가 없었다. 협력업체 담당자와의 술 약속으로 수업을 자주 빠졌던 안 좋은 기억도 있다. 이제는 아이들도 꽤 자랐고 시도해볼 만도 하건만, 박 파트장은 직장을 다니면서 무언가를 준비하는 게 쉬운 일이냐며 엄두를 못 낸다. 게다가 준비가 덜 된 상태에서 창업을 하면, 금세 망할 게 분명하다고 말한다. 입으로는 하고 싶다고 말하지만, 하나같이 안 되는 이유들만 잔뜩 생각하고 있다.

"시작이 반이다"라는 말이 있다. 누구나 알고 있지만 실천은 쉽지 않다. 사람들은 한번 시작하면 적어도 어느 수준까지는 올라야 한다고 믿는다. 우리는 무슨 일이 있어도 중도에 멈추지 않는 사람을 동경한다. "한번 시작하면 끝장을 봐야 한다"라는 생각이 은연중에 있기 때문이다.

이런 생각 때문에 우리는 시작하기를 두려워한다. 수영을 배우기로 마음먹었다고 가정해보자. 수영을 시작한 이상, 하루도 빼놓지 않고 강습에 가야 한다고 생각한다. 그러다가 시작할 엄두조차 내지 못하고 수영 배우기를 포기한다. 직장을 다니면서 수영장에 꼬박꼬박 나갈 수 있는 사람이 몇이나 될까. 그런데도 지나치게 높은 목표를 그려두고 지레 포기해버린다.

사람들은 중도에 그만두는 것에 대해 지나친 부담을 갖고 있다. 하지만 그럴 필요 없다. 수영을 시작했는데 막상 자신과 맞지 않다고 생각하면 그만두면 된다. 시도했던 경험 자체도 소중한 자산이 된다. 운동을 시작하는 일이 엄두가 나지 않는다면 일단 일어나서 운동화부터 신어보자. 운동화만 신었다가 다시 방으로 들어와도 괜찮다. 어느 날 신발을 신었는데 바깥까지 나가보고 싶은 생각이 들면 그때 나가면 된다. 산책길을 끝까지 다녀올 필요도 없다. 집 밖에서 하늘 한 번 쳐다보고 스트레칭 몇 번만 하고 들어와도 좋다. 그러다가 어느 순간 산책길을 걷고 싶을 때가 생길 것이다. 시작에 대한 두려움은 이렇게 가벼운 몇 번의 시도만으로도 충분히 극복할 수 있다.

워싱턴 D.C.에 있는 스미소니언 자연사 박물관의 조너선 코딩턴 Jonathan Coddington은 원래 거미들이 공중에 매달려 살지 않았다고 설명한다. 그런데 어느 날 갑자기 곤충들이 날개를 달고 하늘을 날아다니자, 거미들이 공중에 거미줄을 칠 수 있게 진화했다. 땅에서 지내던 거미가 나뭇가지 사이에 거미줄을 만들기 시작했을 때, 그 거미줄은 얼마나 부실했을까. 한 줄 두 줄 엮으면서 수차례 땅바닥으로 고꾸라졌을 게 뻔하다. 그러다가 점차 땅에서 허공으로 주거지를 옮기게 되었고 드디어 거미는 곤충들이 빠져나갈 수 없을 만큼 치밀한 거미줄을 완성해냈다.

우리의 삶도 마찬가지다. 모든 것이 불안해 보이고, 뭐 하나 제대로 갖춘 게 없는 것처럼 느껴질 수도 있다. 과거를 돌아보면 보잘것없고, 미래를 바라보면 뿌연 안개뿐인 것 같아 두렵다. 하지만 너무 앞서 걱정하지는 말자. 모든 준비를 완벽히 갖추고 살아가는 사람은 없다. 설사 완벽한 준비를 했다고 하더라도 우리 자신이 통제할 수 없는 수많은 변수들이 개입된다. 아무리 내가 올해 승진에 적합한 성과와 리더십 평가 점수를 갖추고 있었다 해도, 갑자기 지주사의 인사정책이 바뀌면 승진을 못할 수도 있다. 가고 싶은 다른 회사로 이직하기 위해 완벽한 이력서와 자격증을 갖췄지만, 해당 기업이 올해는 사람을 채용하지 않겠다고 발표하면, 이직은 실패로 돌아간다. 그래서 옛날 어른들은 아등바등 애쓰지 말고 어느 정도 "물 흐르는 대로" 맡길 줄도 알아야 한다고 했다.

미국 대법원 최초의 여성 법관인 샌드라 데이 오코너Sandra Day O'Connor가 법대를 졸업하고 변호사로 취업을 하려고 했던 1950년대 당시는 남녀 차별이 매우 심했다. 오코너는 할 수 없이 국선 변호사 보조로 사회에 발을 내딛게 되었다. 결코 쉽지 않았던 그녀의 인생 스토리에 감명을 받은 기자가 비결을 물었다. 그녀는 말했다. "저는 영국의 극작가 셰익스피어의 말을 기억합니다. 그는

험한 산을 오를 때는 처음부터 뛰지 말라고 조언합니다. 처음 시작할 때는 천천히 걸어야 한다는 것이죠. 그래서 전 그렇게 했습니다. 만약 제가 처음부터 산을 빨리 오르기 위해 뛰었다면, 중도에 지쳐 쓰러졌을 겁니다."

첫걸음을 내딛기 전에는 생각이 복잡하다. 이럴 때는 아무 생각 안 하고 몸부터 움직이는 게 최고다. '내가 얼마나 꾸준히 다닐까'를 생각하지 말고 운동센터에 가서 회원권을 끊는다. '지금 공부한다고 자격증을 딸 수 있을까'를 고민하지 말고, 학원을 알아보고 등록부터 한다. 두 번째 걸음은 첫 번째 걸음을 내디딘 후에 생각해도 충분하다.

두려움 없이 사람을 사귀는 방법

인간관계도 마찬가지다. 의외로 많은 사람이 새로운 누군가를 만나는 걸 두려워한다. 그래서 새로운 사람을 만나야 하는 자리는 가능하면 피한다. 첫 만남에서의 어색한 분위기도 싫고 부담스럽다. 안면을 익히고 어느 정도 가까워질 때까지가 제일 힘들다고들 한다. 문제는 우리가 항상 만나던 사람만 만나면서 살 수가 없다는 데에 있다. 회사에서 일하다 보면, 타 부서나 타 사업 부문의 새로운 담당자들을 계속 만나 협업해야 한다. 낯을 가려도 별수 없다.

너무 어렵게 생각지 말고, 우선 첫걸음을 떼면 된다. 그 자리에 나가 사람들을 만나게 되었을 때 나눌 말들을 공책에 적어보고, 식사 계획을 세우고, 거울을 보며 연습할 필요가 없다. 거창하게 준비하다 보면 지레 지친다. 섣불리 잘해보려고 이런저런 생각들을 하다 보면, "에이, 번거롭다! 그냥 만나지 말자" 하고 자포자기하게 된다. 그러니 욕심부리지 말고 부담 없이 한 발짝만 상대에게 다가간다고 생각하자.

가장 먼저 손쉽게 활용할 수 있는 것이 '인사'다. 인사만 잘해도 첫 단추를 잘 끼울 수 있다. 인사를 해올 때까지 기다리지 말고, 먼저 인사를 건네자. 사람들은 누구나 자신의 경력, 학력, 나이, 외모, 가정환경, 성격, 인간관계, 업무 능력 등 수없이 많은 이유 때문에 자신이 무시당하지는 않을까 하는 자격지심을 갖는다. "나는 세상 누구를 만나도 자신 있다"라고 생각하는 사람은 많지 않다. 얼마나 많은 자산이 있든, 모든 사람이 인정하는 명성을 가졌거나 사람들이 우러러보는 높은 직급에 있든 간에 상관없다. 누구나 스스로 인지하고 있는 부족한 면들을 감추려고 하며 계속해서 신경 쓴다. 그래서 먼저 다가가 건네는 다정한 인사가 마음의 문을 여는 소통의 첫걸음이 될 수 있다.

현명한 사람은 남들보다 한발 앞서 시도한다. 그리고 한발 앞서 실패를 경험하고 감정을 추스른 후 다시 일어나 나아간다. 무언가를 시도하는 일은 지금 바로 시작할 수 있다. 지금 이 책을 덮자마자 시작하면 된다. 잘해야 한다는 두려움만 버리면, 당신의 목표에 좀 더 쉽게 가까이 다가갈 수 있게 된다.

감정 솔루션

우선 첫발부터 내딛는다

✱ 무언가를 시작할 때는 '잘해야겠다'보다 '일단 한번 해보자'라고 생각하면 된다. 목표를 지나치게 높게 잡으면 시작이 두려워지기 마련이다. 가벼운 시도부터 해보자.

✱ 새로운 사람을 만나기 전에 두려움을 느낀다면, 우선 약속을 잡고 만남 장소로 나가보자. 그다음 문제는 가서 생각하면 된다. 서로 가벼운 인사를 건네고 나면, '오길 잘했다' 하는 생각이 들지도 모른다.

시작하는 두려움을 극복하는 방법

❶ 지금 당장 할 수 있는 일을 생각한다.

너무 멀리 보지 않는다. 골프를 잘 치고 싶다면, 지금 당장 해야 할 일들을 종이에 적어본다. 예를 들어, 인터넷으로 회사 근처 골프연습장을 검색해보는 것이다. 검색을 끝내면 다음 날 골프연습장에 찾아가 등록한다. 연습은 모레부터 시작하면 된다.

❷ '하다가 힘들면 그만두자'라고 생각한다.

완벽에 대한 부담감은 시작을 막는다. 정 힘들거나 본인과 맞지 않는다면 언제든 그만둘 수 있다. 스스로 부담감을 줄여야 한다.

❸ 잘하지 못해도 꾸준히만 하자.

완벽하지 않아도 괜찮다. 헬스장에 등록하고 처음 한 번 빠지고 나면 왠지 자포자기하는 심정이 된다. '내가 하는 일이 다 그렇지 뭐!' 하는 실망감과 함께 그 다음부터는 아예 나가지 않게 된다. 그런데 좀 빠지면 어떤가. 더 중요한 일이나 바쁜 일이 있으면 다음 주에 가도 된다. 놓지 않고 해나가는 게 중요하다. 1년에 10번을 빠져도, 나머지 기간을 꾸준히 하면 성공이다.

"앞으로도 난 잘할 수 없을 거야"

(좌절)

우즈홀 해양연구소에서 실행했던 유명한 물고기 관찰 실험이 있다. 수족관의 중간에 투명한 유리벽을 설치한다. 그리고 한쪽에는 육식성 물고기인 바라쿠다를 넣고 다른 한쪽에는 숭어를 넣는다. 바라쿠다는 숭어를 보자마자 돌진한다. 그러나 유리벽에 쿵 하고 부딪히고 만다. 바라쿠다는 두 번, 세 번, 계속해서 유리벽을 향해 달려든다. 그렇게 며칠이 지난 후 바라쿠다는 숭어 사냥이 불가능한 일이라고 생각하고 포기한다. 이때 유리벽을 제거한다. 그러나 바라쿠다는 더 이상 숭어에게 덤벼들지 않는다. 자신의 몸을 스치고 지나가는 숭어를 보면서도 '감히' 엄두를 내지 못한다. 바라쿠다의 머릿속에는 '난 숭어를 사냥할 수가 없다'라는 좌절의 기억이 자리 잡았기 때문이다.

이런저런 시도를 다 해봤지만 결국 안 됐다고 말하는 그 사람들이 바로 바라쿠다다. 한두 번 시험 삼아 시도해보고는 역시 나는 안 된다며 지레짐작으로 포기한다. 황금 같은 기회들이 자신의 곁을 유유히 스쳐 지나가도 "저건 내 것이 될 수 없어", "저렇게 좋은 회사에서 날 뽑아줄 리가 없지", "저런 멋진 사람이 나와 만나줄 리가 없어"라고 한다.

이런 생각들에 빠져 있으면 세 살 먹은 아이에게도 가능한 일이 자신에게만은 불가능해 보인다. 물론 좌절, 걱정, 비관, 염려 등의 부정적인 감정들이 유용하게 쓰일 때도 분명히 있다. 그러나 자신의 미래에 대해 지나치게 걱정하며 비관적으로 느끼는 건 바람직하지 않다. 이건 위험한 감정 습관이다.

우리는 긍정적인 사고를 가지라는 말을 자주 듣는다. 이건 교과서 속의 충고가 아니다. 현실에서 분명히 작용하는 삶의 법칙이다. 긍정적인 감정들은 도전할 용기를 주고, 이러한 용기가 행동으로 연결되며, 결국 무언가를 성취하도록 만들기 때문이다.

당신의 감정이 미래를 결정한다

강 매니저는 부정적인 감정을 자주 느낀다. 그는 인생이 말 그대로 고생길이라 생각한다. 이직을 고민하던 어느 날 그는 우연히 경력 사원 채용 공고를 본다. "최고의 보수를 보장하는 글로벌 기업에서 영업 업무 경력자를 모집합니다. 탄력근무제, 해외 연수, 자녀 교육비 전액 지급." 강 매니저는 잠시 관심을 보이다가 곧 이런 생각을 한다. '뭔가 좀 이상해. 이렇게까지 좋은 조건을 직원에게 보장하는 회사가 어디 있어? 의심스러워.' 그러고는 인터넷에서 다른 인재 모집 공고를 살펴본다. "오지 근무, 잦은 야근, 자녀교육비 지원 없음, 사택 제공 없음." 강 매니저는 눈이 번쩍 뜨인다. '그래. 이게 현실적이지. 여기에 이력서를 넣어봐야겠다!'

강 매니저는 이 회사에 면접을 보러 갈 테고, 아마도 이 직장에 취직할 것이다. 그리고 회사의 악조건 속에서 인생에 대한 자신의 부정적인 감정들이 맞았다는 것을 확인하며 살아갈 것이다. 인생은 고달프며 따라서 진정한 행복 따위는 느낄 수가 없다는 것을 온몸으로 체험하면서 말이다. 혹시 당신이 강 매니저와 같은 생각을 가져본 적이 있는지 궁금하다.

당신이 매사에 비관적인 감정을 갖는다면, 그것은 절대 감정으로 그치지 않는다. 사람은 느끼는 대로 움직인다. 부정적인 감정을 갖고 있으면서 쾌활하고 적극적으로 행동하는 사람은 없다. 물론 한두 번은 억지로 가능하다. 그러나 겉과 속이 다른 모습은 오래가지 못한다. 본인이 힘들어서 못한다. 그래서 감정이 중요하다.

게다가 사람은 끼리끼리 모이게 된다. 좌절, 우울, 슬픔, 분노 등 부정적인 감정을 가진 사람들은 서로를 금세 알아보고 친해진다. 부정적인 감정을 가진 이들이 모이면 성과는 떨어지고, 목표는 좌절되며, 모임은 깨진다. 반대로 긍정적인 감정을 가진 사람들 역시 서로를 쉽게 알아보고 모인다. '세상에는 행복한 사람이 참 많아'라고 생각하는 사람은 살면서 수없이 많은 '행복한 사람들'을 만난다. 의욕이 많고 창의적인 아이디어들이 넘치니, 대부분의 일이 원활하게 풀린다.

우리가 부정적인 감정을 갖게 되는 데에는 주위 사람들의 영향도 크다. 부모가 "넌 참을성이 없어. 그래서 어떻게 성공하겠니?"라는 말을 했다고 하자. 이 말의 바탕에는 "넌 결코 성공할 수가 없다"라는 메시지가 강력하게 녹아 있다. 수학 때문에 고전하는 아이에게 "넌 수학을 못하잖아. 그래서 좋은 대학에 들어가겠어?"라고 한다. 아이의 인생을 미리 단정 짓는 것이다. 명절 때면 어른들은 고등학교 입학을 앞둔 아이를 보며 말한다. "이제 고생길 열렸구나." 이 말 속에는 "입시 공부를 하는 건, 죽도록 고생하는 것이다"라는 의미가 담겨 있다. 고등학교 생활을 나름대로 재미있게 할 수 있는데도 어른들은 친절하게 아이의 고등학교 생활이 힘겨울 거라고 미리 경고해준다.

평소 당신이 가지고 있는 부정적인 감정들을 속에서 꺼내어 하나하나 바꿔보자. "난 회사를 다니면서 MBA 과정을 밟고 있기 때문에 여유를 누릴 시간이 없어." 그러나 정신없이 바쁜 가운데에서도 여유를 느끼는 사람들이 있다. 여유는 시간의 문제가 아닌 마음의 문제이기 때문이다. "나는 절대 멋진 배우자는 만날 수 없어." 만날 수 있을지 없을지는 두고 봐야 안다. 부모나 친구, 선배가 주선하는 소개팅, 미팅, 선에 적극적으로 나가보자. 미리 자격지심을 느끼고 스스로를 비하할 필요는 없다.

좋은 직장에 다니고, 멋진 배우자를 만나고, 많은 돈을 버는 사람들도 우리와 크게 다르지 않다. 뭔가 특별한 초능력을 가진 사람들이 아니라는 말이다. 운이 좋았을 수도 있고, 남들이 주저할 때 먼저 손을 들고 지원했을 수도 있다. 그러니 믿을 수 없이 좋은 기회가 당신에게 주어졌다면 일단 도전해보자. '이렇게 좋은 스카우트 제의가 왜 나에게 왔을까? 내가 될 리가 없어'라고 생각하기 전에 면접에 응하자. 한두 번 시도한 후에 '거봐, 역시 내 느낌이 맞았어. 난 뭘 해도 안 돼'라고 생각하지 말자. 네 번째까지 시도했다가 실패해서 마음을 접었는데, 진짜 좋은 절호의 기회가 다섯 번째로 찾아올 수도 있다.

이렇게 긍정적인 감정을 가지고 생활하려면 약간의 훈련이 필요하다. 긍정적 감정의 근육을 우리 몸에 만들기 위해서는 하루에 단 5분이라도 긍정 훈련을 해야 한다.

우선, 이 말부터 시작하면 된다. 부정적인 감정이 들 때마다 "할 수 있을지도 몰라!" 하고 되뇌어보자. 혼잣말을 통한 마인드셋 기법이다. 처음부터 "난 할 수 있다"를 외치는 것은 좀 부담스럽다. 외치는 본인조차 확신의 감정을 가지지 못하므로 어딘지 머쓱하다. 처음에는 강도를 낮춰서 시작하고 긍정적인 감정을 좀 더 경험하게 되면 강도를 높인다. 이런 훈련을 반복하면 어느 날 "그래, 해보자! 까짓것 하면 되지!"라고 자연스럽게 외치는 순간이 온다.

영국의 정치가인 존 메이저 John Major가 총리의 자리에 올랐을 때 한 기자가 물었다. "당신은 광대 집안에서 태어났고, 고등학교를 중퇴했잖아요. 그런데 어떻게 이 자리에 오르게 되었나요?" 존 메이저는 잠시 생각하다가 이렇게 대답했다.

"좋은 집안 출신의 정치가들은 자신이 총리의 자리에 오르지 못할까 봐 전전긍긍합니다. 그러나 저는 단 한 번도 총리의 자리에 오르지 못할 거라고 느낀 적이 없어요. 이루지 못할 거라는 부정적인 생각 자체가 없었던 것이죠."

내 감정이 부정적일수록 부정적인 방향으로 더 확실하게 일이 진행된다. 카 레이싱에서 자동차가 잘못된 차선으로 들어가지 않고 끝까지 잘 달릴 수 있는 방법이 있다. 가지 말아야 할 방향을 보지 않고, 가야 할 방향만을 바라보는 것이다. 가서는 안 될 방향을 바라보면 이상하게도 그쪽으로 자동차가 굴러간다.

인생도 마찬가지다. 당신이 바라보는 방향이 부정적이라면 그 방향대로 당신의 인생이 끌려가게 되어 있다. "이번 프로젝트는 성공하지 못할 거야"라고 말하는 순간, 성공 확률은 현저히 낮아진다. 프로젝트가 성공하지 못하도록, 그 목표를 달성하지 못하도록, 당신 안에 있는 에너지가 쏠리기 때문이다. 우리가 긍정적인 감정을 가져야 하는 이유가 바로 여기에 있다.

삶이 힘들고 어렵기 때문에 매사에 부정적인 시각을 갖게 되었다고 이야기하는 사람도 있다. 어릴 때부터 힘든 환경을 경험하고 고되게 살다 보면, 당연히 그렇게 느낄 수 있다. 하지만 반대로 매사에 부정적인 태도를 취했기 때문에 삶이 더더욱 힘들고 어려워졌을 수도 있다.

미국의 작가 제임스 브랜치 캐벌 James Branch Cabell이 말했다.

"낙관주의자는 무엇이든지 할 수 있는 세상에서 살고 있다고 믿는 반면, 비관주의자는 그 주장이 사실일까 봐 두려워하며 살아간다."

당신의 생각대로 삶이 움직인다

* 부정적인 감정은 부정적인 결과를 가져온다. 부정적인 감정 때문에 좋은 기회, 기분 좋은 성공이 멀어질 수 있다. 삶이 힘들어서 매사에 부정적인 것이 아니라, 항상 부정적인 생각을 하기 때문에 삶이 더 고단한 것일 수 있다.

* 인생을 부정적으로 바라보면 인생은 그 방향대로 끌려가게 되어 있다. 긍정적인 생각과 편안한 마음을 갖는 것이 우선이다.

"빨리, 더 빠르게"

조급함

외국인들이 가장 많이 기억하는 한국인의 말이 "빨리"라는 것을 예전에 신문 기사에서 본 적이 있다. 주변 사람들을 생각해보면, 실제로 다들 다급하게 행동한다. 오늘 10시에 보고서를 작성해보라고 지시한 상무님이 오후 1시에 당신을 부른다. "어디까지 됐어? 언제 완성될 거 같아? 오늘 가능할까?" 아직 보고서 첫 장도 작성하지 못했는데, 우물가에서 숭늉 찾는다.

무슨 일이든 다 때가 있다. 억지로 시간을 단축하려고 해도 여물 때까지 일정 시간을 기다려야 하는 일이 있다는 의미다. 아이가 어른을 부러워하여 매일 밥을 다섯 끼씩 먹고 잠을 하루 15시간씩

잔다고 하자. 그렇게 한다고 아이가 빨리 어른이 되는 것은 아니다.

　　한 스님이 유명한 고승을 찾았다. 무릎을 꿇은 스님은 고승에게 물었다.

　　"제가 당신과 같은 고승이 되려면 얼마나 수행해야 할까요?"

　　고승은 잠시 생각하다가 대답했다.

　　"10년이네."

　　그러자 스님이 다시 물었다.

　　"저는 다른 스님들보다 더 많은 시간 동안 불공을 드립니다. 앞으로는 그들보다 두 배 이상 더 열심히 하겠습니다. 그러면 얼마나 걸릴까요?"

　　그러자 고승은 이렇게 답했다.

　　"그렇다면 20년이 걸리겠네."

　　욕심을 가지고 억지로 밀어붙이면 오히려 역효과가 난다. 강하게 밀어붙이고 사람들을 닦달한다고 해서 다 잘 되는 게 아니다. 여건이 따라줘야 하고, 상황이 맞아떨어져야 하며, 주변 사람들과도 협업이 원활히 이루어져야 비로소 일이 성사된다.

　　우리는 어릴 적부터 부모와 학교로부터 무엇이든 빠르게 하는 게 좋다고 배웠다. 뭐든 적극적으로 해야 하고, 걸리는 시간을 단축해야 하고, 한번 시작하면 최선을 다해야 하며, 중간에 그만두거나 시간을 지체하는 건 바람직하지 않다고 들어왔다. 성공한 사람이 되려면 일에 미쳐서 쉼 없이 달려 나가야 한다고 말이다. 그래서 일이 빠르게 진행되지 않는다고 느끼면, 그때부터 손에 땀이 나며 조급해진다.

그러나 삶에서 정말 중요한 것은 '멈추는 기술'이다. 목표를 향해 달려가다가 쉬어야 할 때가 오면 걸음을 멈추고 반드시 재충전의 시간을 가져야 한다. 소모된 에너지를 보충하고, 팍팍해진 감정을 다시 촉촉하게 적셔야 한다. 계속 달려나갈 힘을 보충하지 않고서는 얼마 가지 못해 쓰러진다.

삶을 단기적으로만 보는 사람은 멈추는 법을 알지 못한다. 쉽게 짜증이 나고 지쳐서 자제력을 잃는다. 시간에 쫓겨 바쁘게 사는 사람들 역시 멈추는 법을 모른다. 이들은 컴퓨터 자판을 두드리며 점심을 해결하고, 아이들과 놀이공원에 가서도 공원 벤치에 앉아 보고서를 작성하며, 회사 동료와 대화를 나누면서도 이메일을 체크한다. 시간에 쫓길수록 상황은 점점 더 악화된다.

쉬는 시간이 아까워 계속 달리면, 찾아오는 번아웃

조급하게 하다 보면 꼭 실수가 나온다. 중요한 일일수록 꼼꼼하게 시간을 들여서 진행해야 한다. 시간이 없다고 쫓기듯 해치우지 말고 충분한 시간을 두면서 몰입하는게 맞다. 시간은 당신이 충분하다고 생각하는 한 '충분'하다.

빠르게 달려야 할 때와 멈추고 쉬어야 할 때를 알아야 한다. 쉬어야 할 때를 건너뛰면 감정이 지치고 몸이 지친다. 인생은 장기 마라톤이다. 단기만 뛰고 그만둘 게 아니라면 너무 마음을 조급하게 먹지 말자. 휴식은 필수다. 죄책감을 느끼지 말자. 쉬지 못하면 제대로 일하지도 못한다.

하루에 한 번은 하던 일을 완전히 멈추고 가만히 앉아 있어 보자. 마치 제3자가 바라보듯 당신 책상에 널브러진 서류들과 볼펜, 포스트잇을 쳐다보자. 하루 1~2분이면 충분하다. 처음에는 아무것도 하지 않고 있는 1분도 길게 느껴질 것이다. 허둥대며 작성하던 보고서, 계약을 앞두고 급하게 잡은 고객과의 만남, 좋아하는 사람을 놓칠까 봐 불안해서 준비한 프러포즈 등 성급함은 실패를 부른다. 그러니 급한 마음이 들수록 잠시 멈춰야 한다.

이 시간이 조금씩 길어지면 그게 바로 명상이 된다. 당신이 지금 현재 무엇을 하고 있는지, 제대로 된 방향으로 나아가고 있는지 등을 차분하게 생각하는 의도적인 '멈춤 시간'을 마련해야 한다. 빨리 시작한다고 해서 빨리 성공하는 게 아니다. 그런 시대는 이미 지났다. 이제는 얼마나 빨리 진행하는지가 아닌, 얼마나 행복하게 이 일을 하고 있는지, 또 얼마나 제대로 하고 있는지가 더 중요하다.

감정 솔루션

조급함을 경계하라

* 빠르게 나아가는 것 못지않게 멈추고 점검하는 기술도 중요하다. 앞만 보고 성급하게 달리다 보면, 돌이키기에 너무 늦은 실수를 할 수 있다. 조급하게 일을 처리하다 보면 꼼꼼하게 해낼 수 없다. 급하게 먹은 떡이 체한다.
* 빨리 해결하려고 욕심을 부리면 잘될 일도 망치게 된다. 마음이 급할수록 의도적으로 여유를 가지려는 노력을 해야 한다.

"당신이 나에 대해 뭘 알아"

(**자격지심**)

누구에게나 아킬레스건이 있다. 아무리 강한 사람이라도 그 부분을 건드리면 푹 하고 쓰러지는 치명적인 약점 같은 것이다. 제아무리 인격이 고고하고 마음이 바다처럼 넓어도, 아킬레스건이 눌리는 순간에 감정을 평온하게 유지하기란 어렵다. 탁월한 감정 관리의 고수라면 표정 관리를 할 수 있겠지만, 그래도 어딘가 불편한 기색이 나타날 수밖에 없다.

문제는 상대방의 아킬레스건이 무엇인지 아는 일이 쉽지 않기 때문에 의도치 않게 상대에게 상처를 줄 수 있다는 점이다. 대학원 출신의 정 책임에게 학벌에 대한 자격지심이 전혀 없을 거라고 생각하고 가볍게 농담을 던진다. "석사 맞아요? 석사가 이런 것도 몰라요?" 순전히 장난으로 던진 말인데 정 책임은 의외로 민감하게 반응한다. "석사면 그런 것까지 다 알아야 하나요?" 예상치 못한 날카로운 대답이 돌아온다. '대학원씩이나 나온 사람이 이런 것도 모르냐'는 식의 비아냥거림으로 들은 모양이다. 전혀 고의가 아니었는데 상대방 마음에 앙금을 만들고 만다.

한편 짓궂게 상대방을 약 올리거나 또는 간접적으로 상처를 주려는 안 좋은 의도를 가지고 상대의 아킬레스건을 건드리는 사람들도 있다.

함께 일하는 팀원이 다 같이 점심을 먹으러 간 자리에서 어떤 동료가 당신에게 이렇게 말한다. "요즘 한가해 보이네. 일이 많지 않은가 봐." 대놓고 비판한 건 아니지만 미묘한 뉘앙스가 마음에 걸린다. 짚고 넘어가자니 따지기는 모호하다. 하지만 기분은 분명 나쁘다. 이때 어떻게 반응하면 좋을까?

혹은 오랜만에 고등학교 동창회에 참석했다. 이런저런 이야기를 하며 술을 마시던 중 옆자리에 앉은 동창이 내게 한마디 한다. "너희 회사 정말 좋은 회사다. 너같이 일 안 하고 농땡이 부리는 애를 팀장 자리에 앉히고 말이야. 안 그러냐?" 농담 속에 뼈가 있다.

이 상황에서 어떻게 반응해야 할까? 동창이 그 말을 한 순간, 아마도 주변에 있던 사람 모두 긴장할 것이다. 그리고 당신의 반응을 숨죽여 기다린다.

동료가 너 혼자만 일이 없어서 편한 것 같다고 비아냥거릴 때, 동창이 내 능력을 과소평가할 때, 기분 나쁘지 않은 사람은 없다. 감정이 확 상한다. 그리고 이때 가장 최악의 반응은 대번 흥분하며 반박하는 것이다. "당신이 뭘 몰라서 그러는데, 요즘 내가 얼마나 바쁜 줄 알아? 지난번 프로젝트 마무리 건도 남아 있고, 어제 부장님이 보고서도 제출하라고 하셨어." 동료에게 열을 올리며 설명한다. 고등학교 동창에게는 화를 내며 불쾌함을 드러낼 수도 있다. "너 내가 회사에서 농땡이 치는 거 봤냐? 난 누구처럼 아버지 인맥으로 회사에 들어가지는 않았다고." 치사하게 날 공격해온 상대방이라면, 이 정도는 받아치고 싶어진다. 그런데 주변에서 지켜보는 제3자의 입장에서는 이런 상황에서 열을 내며 시시콜콜 설명하거나 욱하는 모습이 마치 뜨끔해서 변명을 늘어놓는 것처럼 보인다. 그렇다면 어떻게 하는 것이 현명한 행동일까? 어떻게 하면 상대방의 비아냥거림이나 공격에 현명하게 대처할 수 있을까? 옆에서 보는 사람들이 당신을 지지하도록 만들 수는 없을까?

258

분위기를 압도하는 여유로움

이런 상황을 깔끔하게 해결하는 비법이 있다. 바로 여유다. 다들 바쁜 와중에 당신만 회사에서 팽팽 놀고 있다고 비꼬는 동료에게 이렇게 얘기해줄 수 있다. "그러게. 한참 정신없더니, 요즘은 좀 낫네." 한가하냐는 비아냥거림에 그냥 한가하다고 응수한 거다. 어차피 아니라고 발버둥 쳐도 상대방은 귓등으로도 안 듣는다. 그리고 말끝에 한마디 정도를 덧붙일 수도 있다. "시간 있을 때, 계획만 하고 못 했던 업무들을 처리해야겠어." 당신은 한가해진 기간에도 쉬지 않고 밀려 있던 업무를 처리한다는 메시지까지 전달한 셈이다.

너 같은 사람이 어떻게 그런 좋은 회사에 다니느냐며 질투하는 동창에게는 이렇게 말할 수 있겠다. "맞아. 우리 회사 진짜 좋은 회사지?" 그렇게 말한다고 해서 주변 사람들이 "아! 정말인가 보네. 능력도 없는데 회사에서 월급을 공짜로 받나 봐"라고 하지 않는다. 너그럽게 상대방의 질투와 비아냥을 받아주는 당신의 포용력에 오히려 놀란다.

상대방의 공격에 변명을 늘어놓을수록 구차해진다. 주변 사람들은 '아니 땐 굴뚝에 연기 나겠어? 저렇게 과민반응을 보이는 걸 보면, 뭔가 마음에 걸리는 게 있는 거야'라고 여긴다. 그런데 당신이 대수롭지 않게 넘기거나 가벼운 농담으로 대응하고 나면, 상황이 역전된다. 상대방은 속 좁은 소인이 되고, 당신은 너그러운 대인이 된다.

여유로움의 법칙은 회의를 할 때도 적용된다. 평소 사이가 안 좋던 동료가 자꾸 말꼬투리를 잡는다. 앞으로 팀원들이 지각하지 않는 게 좋겠다는 의견을 내자, 동료가 말한다. "제가 알기로는 임 매니저도 지난주에 지각을 한 걸로 아는데요." 그렇게 한마디 던지고는 옆에 앉은 사람 팔꿈치를 툭 치며 웃는다. 공개적으로 비판을 받으니 피가 거꾸로 솟는다. 대번에 얼굴이 화끈거린다.

이 상황에서 어떤 말을 해야 할까? 사실대로 말하는 건 어떨까? "지난주에 제가 지각한 것은 아이가 아파서 그랬던 겁니다. 그것도 병원에 가느라 딱 한 번 늦은 것뿐입니다"라고 억울한 마음을 말해볼까? 그 이유가 무엇이든 감정적으로 흥분하며 변명하는 모습을 보이는 순간 당신은 이미 졌다. 단 한 번의 지각이라고 할지라도 당신의 변명을 듣는 순간 직원들은 '한 번 늦은 것도 지각은 지각이지'라고 생각한다. 차라리 "글쎄 말이에요. 저도 늦어놓고 늦지 말자는 의견을 말하니 민망하네요. 저 역시 다음부터는 지각하지 않도록 하겠습니다" 하는 정도로 넘어가는 게 백번 낫다. 난 아니라고 부정하며 이유를 댈 때, 사람들은 당신을 더 구석에 몰고 싶어진다.

감정은 전염된다. 하워드 프리드만Howard Friedman은 한 방에 서로 친분관계가 없는 낯선 사람 세 명을 모아놓고, 서로 대화하지 않은 상태에서 일정 시간 머물게 했다. 이때 참가자들은 다른 사람의 표정이나 자세 등을 무의식적으로 모방하면서 그와 유사한 표정을 지었다. 서로 얼굴을 보고만 있어도 감정이 전염된다는 연구 결과가 입증된 것이다. 서로의 감정이 비슷해지는 시간은 단 2분이면 충분했다.

강한 감정이 약한 감정을 압도한다. 그리고 여유로움은 단연코 상대를 포용하는 큰 감정이다. 예상치 못한 여유로움을 보일 때, 상대방의 감정은 점차 누그러지고 세력이 약화된다. 그렇게 당신은 자연스럽게 상대방의 감정을 압도할 수 있다.

감정 솔루션

상대방의 말에 바로 흥분하지 마라

* 상대방의 말에 흥분하며 변명하는 순간, 당신은 상대방의 패에 휘둘리게 된다. 진실 여부와 상관없이 구차해 보일 수 있다.
* 상대방의 무례함에 여유로 대응하면, 사람들은 당신을 속 깊은 대인배로 본다. 발끈해야 할 상황에 예상치 못한 여유로움을 보이자. 당신이 상황의 주도권을 잡고 상대방을 제압할 수 있다.

4장

✦

내 감정이 편안해야
내가 행복하다

감정 관리로
인생을 바꾸다

감정이
행복과 불행을 결정한다

우리는 각자의 꼬리표를 달고 살아간다. 그리고 그것들 대부분은 자기 자신이 만든 것이다.

"나는 ○○회사 파트장이야", "나는 30대야", "나는 초등학생을 둔 학부모야", "나는 맏딸이야" 등 한 사람이 가지고 있는 꼬리표는 무수히 많다. 그런데 이 꼬리표에 갇힐수록 당신이 행복해지기 어렵다. 자신의 꼬리표에 맞춰 살기 위해 스스로를 옭아 매기 때문이다.

살다 보면 하고 싶은 게 참 많다. 하지만 사람들은 자신의 상황과 틀에 갇혀 미리 포기하고 시도조차 하지 않는다. 나이가 들면 나잇값을 해야 한다고 생각하는가? 그럴지도 모른다. 그런데 그런 삶은 참 재미없다. 나이 때문에 무언가를 하지 못하고, 성별 때문에 엄두를 못 내고, 사회적 체면 때문에 도전을 안 한다. 행복한 감정을 더 자주 느낄 수 있는 기회가 와도 시도조차 하지 않는다.

"저는 ○○기업 그룹장이에요. 우리 회사 다른 그룹장들처럼 옷을 입고 말하고 행동해야 해요. 제 위치에서 할 수 있는 취미생활을 하고 수준에 맞는 차량을 몰아야 해요."

이런 생각들이 삶을 점점 더 따분하게 만든다. 물론 정해진 틀속에서 문제없이 살아가는 사람들도 있다. 그럼에도 꼬리표에만 맞춰 사는 건 위험하다. 어느 날 갑자기 당신은 인생에서 큰 비중을 차지하던 ○○회사를 그만둘 수도 있다. 회사에서 준 직급과 직책에 걸맞게 살아온 당신은 자신의 정체성을 순식간에 잃게 된다. 어떻게 행동해야 할지, 어떻게 살아야 할지 혼란스러워진다. 갑자기 삶의 기준을 잃어버리고 허둥댄다.

꼬리표는 당신이 아니다. 따라서 거기에 붙잡혀 있을 필요가 없다. 당신에게 붙어 있는 꼬리표를 떼고 자유로워지면 훨씬 더 큰 즐거움을 얻을 수 있다. 인생이 재미있어지고, 틀에 박힌 따분한 삶이 아닌 흥미진진한 하루하루를 보낼 수 있다. 당신은 당신의 꼬리표가 아닌, 그냥 당신 자신일 뿐이다.

행복을 막는 '~까지는' 증후군

어떤 사람들은 꼬리표 대신 강박관념을 갖고 있다. '~까지는'이라는 강박관념에 사로잡혀 살아간다. 자신이 현재 가지고 있는 문제가 해결되기 전까지는 절대 행복해질 수 없다고 스스로 못을 박는다. 행복한 감정이 느껴질 때마다 해결되지 않은 문제들, 아직 만족하지 못하는 일들을 기억해낸다. 그리고 기꺼이 불행해진다. '내 집을 장만할 때까지는 만족할 수 없어'라든가 '임원으로 승진할 때까지는 여유를 가질 수 없어'처럼 전제를 붙이는 것이다.

그런데 과연 당신의 마음을 어지럽히는 그 문제들이 해결되면 행복해질까? 어림없다. 집을 장만하고 나면 변변한 가구 하나 없는 텅 빈 집 안을 바라보며 다시 속상해진다. 그리고 또 다른 결심을 한다. '그래, 제대로 된 가구와 가전제품을 갖추기 전까지는 만족할 수 없어.'

어떤 사람은 연봉이 행복을 방해한다. '지금은 연봉이 3천만 원밖에 안 되니까 즐길 여유가 없어. 그렇지만 내년에는 나아질 거야.' 그러나 연봉이 4천만 원이 되고 나면, 큰아이 학원비가 두 배로 들어가고, 부모님 치료비로 수백만 원이 들고, 결혼하는 동생에게 냉장고를 사줘야 한다. 그러면 또다시 생각한다. '내년에는 나아지겠지.' 하지만 내년에는 또 다른 일이 생긴다.

결국 해결책은 '~까지는' 증후군에서 벗어나는 수밖에 없다. 지금 즐길 수 없다면 앞으로도 즐길 수 없다. 노는 것도 놀아본 사람이 잘 논다. 즐기는 것도 즐겨본 사람이 가능하다. 만족하며 누릴 줄 아는 여유는 상황에서 오는 것이 아니라 마음에서 온다. 인간관계도 마찬가지다. 상대방이 변화하기 전까지는 내가 행복해질 수 없다고 생각하는 이들이 있다. 그러나 당신의 행복은 상대방에게 달려 있는 것이 아니다. 당신 마음에 달렸다.

한창 사랑에 빠져 있는 남녀가 데이트를 하고 있다. 여자는 잔을 들고 마시다가 커피를 쏟는다. 미안해하는 그녀를 보고 남자가 벌떡 일어나 냅킨으로 테이블을 닦는다.

"이것도 추억이죠. 이 카페에 올 때마다 지수 씨가 커피 쏟은 게 생각날 것 같아요. 하하하."

두 남녀는 결국 결혼에 성공한다.

5년이 지난 어느 날, 부부가 함께 외출한다. 아내가 지갑을 집에 두고 왔다. 남편이 짜증을 내며 말한다.

"대체 당신은 어디다 정신을 두고 다니는 거야?"

음식점에서 아내가 깍두기를 집다가 떨어뜨리자 남편이 인상을 쓰고 바라본다.

"칠칠맞지 못하기는. 누가 아줌마 아니랄까 봐!"

뭐가 문제일까? 바로 마음의 문제다. 상대방의 결점과 실수, 잘못들 때문에 당신이 짜증을 내는 게 아니다. 당신의 마음이 문제다. 아내가 매사에 꼼꼼하게 물건들을 챙기고, 밥 먹을 때 더 이상 깍두기를 떨어뜨리지 않으면 만족할 수 있을까? 아니다. 내가 원하는 대로 아내가 변하기 전까지는 아내를 온전히 사랑할 수 없다는 건 한참 잘못된 말이다. 결혼 전에는 그보다 더 큰 실수를 했어도 두 사람은 충분히 행복했었다.

행복해지기 위해서는 과감히 버려야 할 것이 있다. 주변 상황이 적어도 이래야 한다는 생각부터 버리자. 그런 생각을 내려놓고 나면 실제로 마음이 가볍다. 사람에 대해서도 마찬가지다. 우리는 상대방에 대해 나름의 기대를 한다. 동료 대신 당직을 서주면서 동료에게 고맙다는 인사 정도는 받기를 원한다. 그런데 이런 기대감이 충족되지 않으면 감정이 불편해지기 시작한다. "당신이 예의 바르게 행동하기 전까지는 잘 지낼 수가 없어!"라며 괘씸하게 여긴다. 남편이 기념일을 기억하고 이벤트를 해주기를 바란다. 그런데 남편이 날짜를 잊어버리고 기념일을 그냥 넘기면 서운함이 쌓인다. "제대로 사과하기 전까지는 용서할 수 없어." 눈치 없는 남편이 아무 행동도 하지 않을 경우, 마음에 한이 생긴다. '~까지는' 강박관념이 관계를 무너뜨리고 내 마음을 순식간에 지옥으로 만든다.

우리는 날씨를 바꿀 수 없다. 그건 우리 능력 밖의 일이다. 그리고 마찬가지로 우리는 다른 사람의 마음을 바꿀 수 없다. 설령 바꾼다 해도 그 과정이 결코 만만치 않다. 그런데 이걸 알면서도 배우자, 회사 동료, 직장 상사에게 내 행복을 건다면, 나는 쉽게 행복해지지 못한다. 다른 사람들이 어떻게 행동해줘야 한다는 기대감을 버리자. 당신이 기대한다고 해서 상대방이 그렇게 행동할 리만무하다. 내 감정만 피곤해진다.

행복의 잣대는 외부에 있는 것이 아니라, 자신의 마음속에 있다. 내가 허락하지 않는 한 나를 불행하게 만들 수 있는 존재는 이세상에 없다. 친구가 당신을 무시해도, 팀원들이 뒤에서 당신 욕을 해도, 소개팅에서 만난 남자가 "살을 좀 빼셔야겠어요"라며 무례하게 굴어도, 우리는 우리가 어떤 감정을 느낄 것인지를 결정할 수 있다. 내 감정은 내가 정한다.

다른 사람들의 행동에 목숨 걸지 말자. 특히 칭찬과 인정에 너무 연연하지 말자. 상대방 역시 본인 기분에 따라 나를 대한다. 직장생활을 하다 보면, 칭찬에 매우 인색한 상사를 만나기도 한다. 아내가 육아로 신경이 날카롭다면, 당신이 아무리 집안일을 같이 하고 쓰레기 분리수거를 잘해도 인정받지 못한다. 상대방이 인정 해주느냐 아니냐에 당신의 행복이 좌우되어서는 안 된다. 오로지 당신만이 당신 스스로를 행복하게 또는 불행하게 만들 수 있다.

감정 솔루션

내가 어떤 감정을 느낄지는 내가 결정한다

* 나를 따라다니는 꼬리표, 나를 가두는 틀에서 자유로워지자. 나를 옭아 매는 조건들이 많을수록 행복해지기가 어렵다.

* '~까지는' 증후군에서 벗어나 바로 지금부터 행복해지기로 결심해보자. 당신의 행복은 집을 살 때까지, 승진할 때까지, 주식이 오를 때까지, 자 녀가 대학에 들어갈 때까지 보류되는 게 아니다. 막상 희망 사항이 이루 어져도 또 다른 문제로 마음이 편치 않을 수 있다. 그러니 지금 당장, 그 냥 행복해지기로 결정하자.

감정을 좌우하는
우리의 언어

미국 교도소에 수감된 대부분의 재소자가 감정을 표현하는 어휘력이 부족하다는 연구 결과가 있다. 이들이 사용하는 감정과 관련된 어휘는 매우 한정되어 있고, 평소에 쓰는 단어들도 대체로 매우 난폭한 말들이었다. 예로 좁은 골목길을 지나다가 반대편에서 걸어오는 사람과 어깨를 부딪혔다고 해보자. 보통 사람들은 상대방과 어깨가 부딪혔을 때 "죄송합니다"라고 사과한다. 만약 자신의 기분이 평소보다 언짢은 경우에도 "좀 조심하시죠" 정도의 불평에 그친다. 그런데 재소자들은 "어라, 날 쳤어? 오늘 열 제대로 받네. 너 한번 죽어볼래?" 하며 덤빈다는 것이다. "열 제대로 받네"라는 말을 자신의 입으로 내뱉는 순간 그 말은 다시 자신의 귀로 들어온다. 그리고 귀에 들려온 그 말처럼 곧 열을 내면서 격분한다. "죽어 볼래?"라는 말도 마찬가지다. 이 말을 자신의 귀로 들은 후, 그에 걸맞는 폭력적 행동을 하게 되는 것이다.

말을 바꾸면 감정이 바뀐다

말은 감정을 좌우한다. 그래서 평소 언어습관이 중요하다. 주변 사람이 하는 말을 유심히 들어보면, 유독 "~해서 미치겠어" 또는 "~해서 죽겠어"라는 말을 습관처럼 쓴다. 옹알이하는 아기가 귀여우면 "귀여워 죽겠어", 새로 만난 애인이 마음에 들면 "좋아서 미치겠어", 매일 반복되는 야근 때문에 지치면 "힘들어 기절하겠네!"를 외친다. 긍정적인 의미로 쓸 때는 그나마 다행이지만, 어찌됐든 표현이 너무 세고 과하다.

상대방과 대화할 때 언어를 현명하게 선택하는 것도 필요하지만, 스스로에게 긍정적인 말을 들려주는 것이 무엇보다 중요하다. 다른 사람들에게는 긍정적인 말을 많이 해주면서 혼자 있을 때는 말을 함부로 하는 경우가 많다. 우리는 대개 자신이 소중하게 생각하는 사람에게는 따뜻한 말들을 자주 해준다. "밥 챙겨 먹고 다녀!"라든가 "요즘 너무 무리한다. 쉬엄쉬엄 해", "괜찮아. 사람은 누구나 실수하잖아. 힘 내!" 하고 다독이며 용기를 준다. 그런데 막상 혼자 있을 때는 자신에게 부정적인 말이나 스스로를 질책하는 말을 내뱉는다. "그래, 난 이거밖에 안 되는 사람이야.", "실패할 줄 알았어!", "주제 파악을 하자." 이런 말을 듣고 힘이 날 사람은 없다. 그 누구보다 자신의 귀에 좋은 말, 순화된 말들을 더 많이 더 자주 들려줘야 한다. 그래야 내가 힘을 얻는다.

그런데 이때 말을 순화시키면 감정도 같이 순화된다. 말을 통해 우리의 감정을 조절할 수 있다. 그러면 어떻게 우리의 일상적인 말들을 바꿀 수 있을까?

우선 감정을 표현하는 단어부터 바꾸면 된다. "일이 힘들어 죽겠어"는 "일이 성가시네"로 바꿀 수 있다. 코칭을 진행하면서 이 방법을 알려주면, 처음에는 사람들이 웃는다. "교수님도 생각해보세요. 당장 짜증나서 미칠 것 같은데, 그걸 어떻게 성가시다고 표현할 수가 있어요?"라고 한다. 너무 인위적이라고 느껴지더라도 노력해보면 그 효과를 알게 된다. 사용하는 단어를 바꾸면 감정의 종류가 바뀐다.

어떤 사람이 마음에 안 드는 경우 저절로 나오는 말이 있다. "그 사람 정말 싫어!"는 어떻게 바꿀까? 한 번 직장에 들어가면 특별한 이변이 없는 한 회사나 팀을 옮길 때까지는 싫은 사람을 계속 봐야만 한다. 그 사람이 싫다고 자꾸 되뇌이면, 그 사람의 그림자조차 미워진다. 이럴 때 "그 사람 정말 싫어"는 "그 사람이 약을 올리네"로 바꿀 수 있다. 미움, 반감, 증오 등의 감정을 순식간에 약이 오르는 정도로 강도를 낮추는 것이다. "그 사람은 나랑 안 맞아"라고 바꾸는 것도 괜찮다.

우리가 사용하는 단어는 내 감정뿐 아니라 상대의 감정의 강도까지 낮출 수 있다. 부부 싸움을 할 때 이런 언어들을 효과적으로 사용할 수 있다. 대체로 부부 싸움은 사소한 일에서 시작된다. 이때 당신이 "왜 화를 내고 난리야?" 하고 배우자에게 쏘아붙이면, 상대방은 말 그대로 화를 내고 난리를 친다. 그런데 "나한테 서운하구나?"라고 말하면, 상대방은 화가 난 것이 아니라 서운한 상태가 되어버린다. 실제로는 화가 났다고 하더라도, 화를 내기보다 다시 한번 자신의 감정을 돌아보게 된다.

이 단계에서 한발 더 나아가 감정을 즐겁게 만드는 방법이 있다. 친구가 "요즘 어때? 잘 지내?" 하면 이렇게 답하는 거다. "응. 꽤 좋아." 사실 일상생활에서 크게 기분 좋을 일도, 나쁠 일도 많지 않다. 대부분의 사람은 매일의 일상이 어제와 비슷하다고 말한다. 그런데 자신의 생활에 대해 "그저 그래!"라고 말하는 순간, 당신의 삶은 그렇고 그런 삶이 된다. 세상의 모든 것은 규정짓기 나름이다.

빨갛고 꽃잎이 넙적한, 다소 부담스러워 보이는 꽃이 놓여 있다. 당신이 "그 꽃 참 탐스럽네" 하면, 그 꽃은 부담스러운 존재에서 탐스러운 존재가 된다. 문장으로 만들어 말하는 순간, 꽃의 탐스러운 부분이 실제로 눈에 들어오기도 한다. 눈이 양옆으로 쭉 째져 인상이 날카로워 보이는 사람이 당신 앞에 있다. 그런데 당신이 "참 개성 있다! 카리스마 있는 인상이다"라고 말하고 나면, 그 사람은 독특한 인상을 가진 매력적인 인물이 된다.

우리의 생활도 마찬가지다. 자신의 일상을 어떻게 묘사하면 좋을까? 흥미도 없고 재미도 없는 무미건조한 삶일까, 아니면 짜릿하고 즐겁고 살아볼 만한 멋진 삶일까? "활력이 넘쳐!", "살맛 난다!", "기분이 날아갈 것 같아!", "멋지다!", "오히려 좋다!" 등의 표현을 의도적으로 자주 써보자. 우리는 상황을 말로 표현하지만, 반대로 말을 하고 나면 그 상황이 말에 걸맞게 느껴지기도 한다. 단어가 감정을 만들어내기 때문이다. 당신은 당신이 표현한 대로 느끼게 될 것이다.

내가 하는 말이 감정의 종류를 결정한다

* 내 입에서 나오는 말이 나의 감정을 결정하고, 그 감정은 다시 내 행동을 좌우한다. 자신을 위해 긍정적이고 기분 좋은 말을 하도록 노력하자.

* 말을 순화하면 감정도 순화된다. "~해서 미치겠어" 또는 "~해서 죽겠어"처럼 강하고 극단적인 표현은 쓰지 않는 편이 좋다. 문장 뒤에 붙는 '미치겠어', '죽겠어'라는 말만 빼도 기분이 한결 나아진다.

276

바꿔 사용하면 좋은 언어 표현들

- 확 돌아버리겠네. ▶ 좀 짜증 나네.
- 머리 뚜껑이 열리는 것 같아. ▶ 마음이 약간 불편하네.
- 그 사람 정말 싫어. ▶ 그 사람은 나랑 맞지 않아.
- 짜증 나 미치겠어. ▶ 이건 좀 힘드네.
- 힘들어 죽겠네. ▶ 일이 좀 성가시네.

이처럼 말을 순화해서 사용해보자. 또한 '확', '진짜' 등 강조하는 단어들보다는 '조금', '살짝', '약간'과 같은 표현들로 바꿔보자. 강도를 약화시키는 단어를 통해 감정의 세기를 조절할 수 있다.

실제로 우리나라 대기업 임원 한 분이 언어 코칭을 받은 후, 힘든 상황에 부딪힐 때마다 "아, 힘들어서 살겠네. 살겠어"라는 표현을 쓰도록 본부 전체에 권고한 적이 있다. 문법도 맞지 않고 우스꽝스러운 이 표현을 스트레스가 생길 때마다 쓰도록 영업본부에 권장한 것이다. 나중에 직원들 인터뷰를 해보니 처음에는 어색했지만, 이 문장을 말하면서 신기하게도 부정적인 감정의 강도가 훨씬 약해졌다고 했다.

사람을 얻으려면
감정부터 움직여라

카네기연구소는 엔지니어링 등 IT 분야에서 크게 돈을 번 사람들을 대상으로 성공의 이유를 조사했다. 결과는 흥미로웠다. 혁신적인 기술 덕분이라는 대답이 15퍼센트, 사람을 움직이는 능력 덕분이라는 대답이 75퍼센트가 나온 것이다. 일반적으로 기술이 매우 중요하다고 생각되는 IT 분야에서조차 이런 결과가 나왔으니, 다른 업종과 산업 분야에서는 이 비중이 더 클 것이다. 이러니 성공한 사람들의 95퍼센트 이상이 사람 때문에 성공했다는 조사 결과가 나올 법하다.

요즘 사람들은 사람 때문에 스트레스를 많이 받는다. 외국에서 오랫동안 살다 온 사람들에게 한국 생활에 적응하는 데 가장 힘든 게 뭐냐고 물으면 '사람'이라고 대답한다. 집단주의보다는 개인주의가 상대적으로 강하고 독립적인 외국 생활에 익숙해진 사람들에게 우리나라는 서로 끈끈하게 얽혀 살아간다는 느낌을 준다. '사람 간의 정'을 중시하는 문화도 한몫한다. 그런데 서로에 대한 관심이 많다 보니 좋은 점도 있지만 예상치 못하게 불편한 점들도 있다.

옛날에는 집에 손님이 찾아오면 정성껏 상을 차려 손님을 대접했다. 손님은 이미 방문하기 전에 음식을 많이 먹은 상태다. "식사를 이미 하고 왔다"고 말했지만, 집주인은 우리 집에 온 손님을 그냥 보낼 수 없다며 한 상 차린다. 그리고 손님이 맛있게 먹는지, 혹시 젓가락이 안 가는 반찬이 있는지를 살핀다. 잘 안 먹는다면 맛이 없다는 뜻인가 싶어 안절부절못한다. 그러다가 손님이 밥을 반 공기 이상 남기면 집주인은 "입맛이 없냐, 그렇다면 물이라도 말아서 후루룩 넘기라"며 남은 밥에 물을 부어준다. 밥을 물에 말아주는 이 정성을 거절할 수는 없다. 손님은 꾸역꾸역 남은 밥을 입에 밀어 넣지만 부담스럽다. 이 집에 식사 때 다시 방문할 확률은 줄어든다.

관계는 서로 부담스럽지 않아야 한다. 상대방에게 최선을 다해 잘해주는 것은 좋은 일이다. 그러나 내 감정만 앞세우면 안 된다. 사람을 다루는 기술, 상대방에게 호감을 주는 의사소통 기술이 그래서 중요하다. 너무 지나쳐서도 안 되고 너무 모자라서도 안 된다. 적당한 것이 좋다.

회사를 다니다 보면, 눈에 거슬리는 팀원 한두 명은 있기 마련이다. 대개는 상사 때문에 직장생활이 고달플 거라 생각하지만, 의외로 상사들도 후배 눈치를 많이 본다고 한다. 특히 MZ세대들이 조직의 큰 비중을 차지하게 되면서 이런 현상은 더 늘어났다. 나이를 토대로 세대를 나누고 그에 따라 사고와 행동이 다를 거라고 단정 짓는 건 위험한 생각이다. 사람마다 성향이 다 다르기 때문이다. 하지만 세대별로 나타나는 대략의 공통점들은 있다. 그래서인지 조직의 리더들은 MZ세대들을 유독 불편해하거나 어떤 반응이 나올지 몰라 두려워하기도 한다.

리더들을 만나 직장생활을 하면서 팀원들에게 언제 서운하냐고 물으면, 하소연을 시작한다. 점심시간에 뻔히 약속이 없는 줄 알면서도 자기들끼리만 우르르 나갈 때 서운하단다. 팀원이 몸 아프다고 할 때 약도 사주고 배려해줬는데, 막상 본인이 힘들 때는 별 신경 안 써줄 때 섭섭하다고 이야기한다. 리더십평가 주관식 란에 자기 승진 욕심에 팀원들을 이용한다거나 일 욕심이 많다는 내용이 보일 때 상처받는다고 했다. "위에서 목표가 내려오는데 해야죠. 어쩔 수 없을 때가 많은데 그걸 몰라주더라고요!" 하며 답답해한다. 내 마음에 안 든다고 다른 부서로 발령을 낼 수도 없다. 상사에 대한 불만은 같은 처지의 사람들끼리 모여 뒷담화로 풀 수가 있다. 그러나 산하의 팀원들에 대한 하소연은 어디 가서 할 데가 마땅치 않다.

한편 팀원 입장에서도 그 못지않게 힘이 든다. 깐깐한 상사 밑에 있는 경우, 일은 뼈 빠지게 하는데 막상 인사평가는 짜다. 다른 팀장들은 눈치껏 평가하는데, 우리 팀장은 융통성 없이 하니 다른 팀과 비교하면 점수가 낮다. 상사 본인은 인재육성 차원에서 피드백을 준다고는 하지만, 직설적이고 강한 피드백에 마음의 상처가 남는다.

직장생활을 지치게 만드는 것은 일이 아니라 사람이다. 사람 때문에 회사를 옮기고, 사람 때문에 억울함으로 밤잠을 설친다. 하지만 조직은 공통의 목표를 달성하기 위해 사람들이 모인 곳이다. 무슨 일을 하든 협업이 필수다. 어떤 사람은 뛰어난 지능을 가지고 있는 반면, 사람들과 화합하는 능력은 떨어진다. 어떤 사람은 성격이 부드럽고 착하지만 업무 능력이 떨어진다. 어떤 사람은 훌륭한 인맥을 가지고 있지만 치밀하지 못하다. 조직의 성과를 내는 데에 서로가 필요하다. 직급을 내세워 "내가 상사잖아. 그냥 하라는 대로 해!" 하고 권위적으로 누르는 방식은 이제 통하지 않는 시대다. 시도해봤자 백전백패다. 물론 팀원들은 그 앞에서는 별말 않고 상사의 말에 따르는 것처럼 보인다. 하지만 앞에서만 "네, 네" 할 뿐이다. 아무도 마음을 다해 시킨 일을 하지 않는다. 이런 상황이 발생하면, 가장 큰 피해를 입는 사람은 바로 당신이다. 자신을 따르는 사람 없이 회사에서 일을 한다는 것은 고역이다.

　나 자신을 위해서도 마찬가지다. 우리는 스스로를 보완해줄 다른 누군가가 필요하다. 혼자서 가기에는 성공으로 향하는 길이 멀고 험난하다. 우리가 우리를 믿고 지원해주는 사람을 얻는다면, 그들의 업무 능력과 인맥을 마치 내 것처럼 활용할 수 있다. 사람의 마음을 얻는 게 중요하다.

마음을 얻는 쉽고 강력한 수단, 칭찬

사람들의 마음은 어떻게 얻을 수 있을까? 세상에는 사람에게 동기를 부여하고 호감을 얻는 수많은 방법이 존재한다. 그런데 이 중에서 가장 간단하면서도 강력한 동기부여 방법이 있다. 바로 칭찬이다. 칭찬은 상대방으로부터 열정, 행복, 자부심, 감사함 등 좋은 감정들을 이끌어내는 강력한 수단이다.

칭찬의 중요성은 이미 귀에 못이 박힐 정도로 들어왔다. 그런데 의외의 사실은 우리 주변의 그 누구도 "난 충분히 칭찬받으며 살고 있어!"라고 말하는 사람이 없다는 점이다.

누군가는 "칭찬도 너무 자주 해주면 효과가 떨어져요"라고 한다. 마치 아무리 좋아하는 음식도 매일 먹으면 질리는 것처럼 칭찬도 그렇다고 여기는 것이다. 하지만 이것은 오해이고 착각이다. 처음 누군가를 칭찬해주면 상대방은 뛸 듯이 기뻐한다. 그러다가 칭찬을 해주는 횟수가 늘기 시작하면 상대방은 처음처럼 큰 반응을 보이지 않는다. 그저 살며시 웃음을 짓거나 "뭘요" 하는 정도의 대답을 한다. 그렇다고 해서 상대방이 칭찬에 무심해졌거나 별 감흥이 없어진 게 아니다. 칭찬이 반복되면 상대방은 생각하기 시작한다. "저 사람은 나를 좋게 봐주는구나." 자신을 좋아해주는 사람을 실망시키기는 쉽지 않다. 당신은 칭찬으로 이미 상대방의 마음을 얻은 것이다. "난 널 진심으로 믿어"라든가 "내가 널 얼마나 아끼는지 알지?"라고 낯간지럽게 이야기할 필요도 없다. 지속적인 칭찬이 당신의 관심, 호감, 애정을 이미 상대방에게 전달했다.

주의할 점은 칭찬에도 효과적인 칭찬과 무의미한 칭찬이 있다는 것이다. 효과적으로 칭찬하려면 처음부터 끝까지 온전히 칭찬으로만 끝내야 한다. "성주 씨, 이번에 자료를 깔끔하게 정리해서 보고서를 썼네" 하고 팀장이 칭찬을 한다. 상사에게 칭찬을 듣는다는 것은 기분 좋은 일이다. 마치 어린아이가 엄마로부터 칭찬을 받으면 기뻐하는 것처럼 팀원들은 상사의 칭찬에 항상 목말라 있다. 그런데 이때 팀장이 칭찬 뒤에 한마디를 덧붙인다. "이제야 성주 씨가 사람 구실을 하네." 그 말 한마디에 하늘을 찌르던 기분은 곤두박질친다. 칭찬과 비판을 묶어서 한다면, 그건 칭찬이 아니라 기분 나쁜 비아냥거림이다.

두 번째로 유의할 점은 칭찬을 구체적으로 해야 한다는 것이다. "진영 씨, 정말 멋지세요." 복도에서 만난 진영 씨에게 말을 건넨다. 고맙다고 말한 진영 씨는 자기 자리로 돌아가며 생각한다. 뭐가 멋지다는 걸까? 머리 스타일일까? 아니면 셔츠 색깔? 혹시 지난 사내 공모전에서 1등을 한 걸 말하는 건가? 도무지 알 수가 없다. 게다가 듣는 사람의 기분이 나쁠 때는 비꼬는 것처럼 느껴질 수도 있다.

구체적이지 않은 칭찬은 대부분 과장된다. "정말 멋지세요.", "진짜 훌륭해!", "최고예요!" 어딘지 부담스럽다. 뭐가 멋진 건지, 어떤 점이 훌륭한 건지, 어떤 점을 최고로 인정하는 건지 콕 집어서 설명해주어야 한다. 그래야 듣는 사람이 칭찬 내용을 염두에 두고 이후에도 스스로를 관리할 수 있다.

칭찬의 효과를 더 극대화하는 방법도 있다. 내가 건네는 칭찬이 아니라, 제3자의 칭찬을 들려주는 것도 효과가 좋다. "영진이가 너한테 감동받았대. 지난번에 영진이 아플 때 네가 점심 사다 줬다며?" 한 다리 건너 듣게 되는 칭찬은 마음을 뿌듯하게 한다. 영진과 칭찬받는 사람의 관계도 좋아지지만, 흐뭇한 칭찬을 전해주는 당신에 대한 호감도 함께 생긴다.

사람을 변화시키려면, 비판보단 코칭

팀원의 부족한 역량을 채우고 개선시키려면 피드백은 필수다. 아무리 똑똑한 팀원이라 하더라도, 조직과 팀 문화에 더 잘 적응하고 역량을 높이기 위해서는 리더를 비롯한 타인의 객관적인 피드백이 정기적으로 이루어져야 한다. 이때 피드백을 받고 난 팀원이 '비판받았다'고 느끼면, 행동 개선이 이루어지지 않는다. 그래서 피드백을 주는 사람은 비판이 아니라 코칭을 하도록 주의해야 한다. 비판을 좋아하는 사람은 세상에 단 한 명도 없다. 진정성을 가지고 상대방을 위해서 비판을 해주었다 해도 효과는 별로 없다. 비판은 사람을 바꾸는 힘이 없다. 반감만 키울 뿐이다.

부장이 대리를 불러다 놓고 혼을 낸다. "점심 먹는 시간이 너무 길다고 생각 안 해, 송 대리?" 송 대리는 속으로 생각한다. '우리 부장님이 점심시간에 나가서 늦게 들어온 적이 몇 번 있었더라? 지난주만 해도 세 번이네. 그러면서 나한테 이런 말을 하다니⋯⋯.'

미국의 악명 높은 갱단 두목인 알 카포네 Al Capone 는 스스로에 대해 이렇게 이야기한 적이 있다. "나는 내 인생을 사회를 위해 바쳤다. 그런데도 나에게는 사람들의 차가운 시선, 비판, 범죄자라는 낙인만 돌아왔다." 100명의 사람 중 99명은 자신에게 관대하다. 아무리 흉악한 범죄를 저지른 범인이라도 "나는 벌 받아 마땅하다"라고 자백하는 경우는 드물다. 상황이 자신을 그렇게 만들었다고 억울해하거나, 누구만 아니었다면 이렇게 되지 않았을 거라고 원통해한다. 그래서 타인이 건네는 비판은 대부분 상대에게 상처가 된다.

그럼 비판과 코칭을 어떻게 구분할까? 상대를 배려하는 태도, 말하는 방식 등 여러 가지 측면에서 다르다. 비판은 무작정 잘못을 짚어내고 꾸짖지만, 코칭은 상대방이 해답을 찾아내도록 돕는다. 이러한 차이점 중에서 가장 기억해야 할 점은 상대를 존중하는 것이다. 코칭은 상대방이 자신의 상황이나 잘못을 현명하게 깨달아 갈 거라는 믿음을 전제로 한다. "왜 자주 지각해요? 대체 생각이 있어요?"라고 물으면 공격이고 비판이다. 그런데 "본인도 알다시피, 요즘 지각이 잦네요. 이 점에 대해 어떻게 생각해요?"라고 말하면 코칭이 된다. "당신은 스스로 어떤 문제가 있는지 모르지? 그렇게 열정이 없어?"라는 접근 방법과 "당신은 자신의 행동을 인지하고 개선해나갈 수 있어"라는 접근 방법은 하늘과 땅 차이다. 지적받아 마땅한 철부지로 여기는지, 잘하고 싶은 의지를 가진 사람으로 여기는지에 따라 상대의 반응이 달라진다.

사람들은 스스로 변하기로 결심하기 전까지는 남의 말을 잘 듣지 않는다. 아무리 주변에서 벌떼처럼 들고일어나 비판해도, 자신이 그렇지 않다고 생각하면 끝이다. 그런데도 사람들은 큰 착각 속에 빠져 있다. 자신의 이야기를 듣고 상대방이 행동을 바꿀 거라고 생각한다. 그래서 남에게 반복적인 조언을 아끼지 않는다. 좋게 말하면 건설적 피드백이지만, 바꿔 말하면 지겨운 잔소리다.

회사에서 핵심 인재로 인정받고, 명성을 얻고, 돈을 벌고, 행복하기 위해서는 사람을 잡아야 한다. 당신의 일을 자기 일처럼 생각하고, 당신을 돕는 데 시간을 아까워하지 않을 사람들을 얻어야 한다. 그리고 사람을 얻기 위해서는 그들의 감정부터 움직여야 한다.

상대방의 감정에 각별한 관심을 쏟아야 한다. 누군가를 내 편으로 만든다는 건 그 사람의 감정을 얻는다는 의미다. 당신에 대해 좋은 감정을 갖게 되면, 시키지 않아도 기꺼이 자신이 가진 것들을 당신에게 나눠줄 것이다.

감정 솔루션

사람의 마음을 건드려라

* 다른 사람을 칭찬할 때는 처음부터 끝까지 온전히 칭찬과 인정만 전해야 한다. 칭찬과 비판을 섞어서 할 경우 상대가 비아냥거림으로 오해할 수 있다.
* 팀장이 구체적으로 칭찬해주면, 칭찬을 받은 팀원은 팀장이 선호하는 방향을 짐작하게 된다. 그래서 그 방향으로 더 노력하게 된다.
* 비판이 아닌 코칭을 하자. 아무리 건설적인 피드백이라도 상대방을 존중하며 전달해야 효과가 나타난다. 사람은 비판으로 결코 바뀌지 않는다.

감정을
주고받다

사람들은 요령을 배우고 싶어 한다. 무언가 배우려는 사람들은 하나같이 이렇게 묻는다. "짧은 시간에 빨리 배울 수 있는 방법 없나요?" 부모들도 아이들에게 제발 요령껏 공부하라고 요구한다. 요령 있게 무언가를 하는 것이 좋다고 생각한다. 인간관계에서도 마찬가지다. 자신에게 이득이 되는 사람들을 골라 요령껏 사귀는 사람이 현명해 보일 때가 있다. 그래서 요령 피우지 않고 꾸준히 한 발짝씩 차근차근 움직이는 사람을 칭찬하는 대신 미련하다고 놀리고는 한다. 대개 요령 있는 친구가 더 빨리 출세한다고 믿기 때문이다.

하지만 빨리 먹는 밥이 체한다고 했다. 요령껏 하면 처음에는 다른 사람들에 비해 빨리 시작해서 진도를 나갈 수 있다. 그러나 출발이 빨랐다고 해서, 항상 먼저 원하는 걸 얻거나, 더 빨리 목표 지점에 도착하는 것은 아니다.

온 가족이 큰 차를 타고 여행을 떠난다. 운전을 맡은 아버지는 목적지에 빨리 도착하고 싶은 마음에 고속도로에서 이리저리 차선을 바꾼다. 차가 없을 때는 시속 100킬로미터를 넘어서 쌩쌩 달리기까지 한다. 드디어 여행지에 도착했다. 평균적으로 걸리는 시간보다 한 시간이나 먼저 왔지만 운전에 집중했던 아버지는 지쳐 있다. 길 옆에 피어 있는 들꽃, 파란 하늘과 초록빛 들판, 파도치는 바다도 전혀 보지 못했다. 그저 급한 마음에 앞만 보고 달려온 것이다. 가족들은 모두 여행이 좋다고 난리지만, 막상 아버지는 피곤하기만 하다.

인생은 자동차 여행과 같다. 인생을 사는 사람들을 단순하게 두 가지 부류로 나눌 수 있다. 첫 번째 부류는 운전석에 앉은 사람이다. 주위를 둘러보지 않고 앞만 보고 달리기 때문에 즐길 틈이 없다. 두 번째 부류는 운전을 하지 않는 탑승자와 같은 사람이다. 운전자가 운전을 하는 동안, 창밖으로 보이는 들판이며 빨간 지붕

이 얹힌 초가집, 너울거리는 산등성이를 여유 있게 바라보며 즐긴다. 인생의 참맛은 두 번째 부류만이 맛볼 수 있다. 인생은 결승점이 존재하는 것이 아니라 과정의 연속이라서 그렇다. 우리는 너무 멀리 있는 것들을 바라보느라 가까이 있는 소중한 것들의 의미를 깨닫지 못한다. 게다가 자신이 정한 결승점에 도달하여 테이프를 끊으면 그때부터 자신의 몸에 '성공'이라는 글자가 새겨질 거라고 기대한다. 어제까지는 없었던 자부심, 만족스러움 등의 감정들이 갑자기 생겨나서 본인을 행복한 존재로 만들 것이라고 착각한다. 그러나 인생의 성공은 그렇지 않다. 어느 날 갑자기 하늘에서 산신령이 내려와 "아무개야. 넌 지금부터 성공한 것이다. 그러니 이제 행복을 느껴도 된다"라고 말해주는 것이 아니다.

감정은 표현한 대로 되돌아온다

요령을 부려 빨리 앞으로 나가고 싶어 할수록 오히려 많은 것을 잃는다. 특히 인간관계에서는 더더욱 그렇다. 너무 약삭빠르게 살아가는 사람들은 상대방의 마음을 얻을 수가 없다. 이해타산을 따지면서 사람을 만나면 시간 낭비도 적고 효율적일 것 같지만, 그런 관계에는 한계가 보인다. 그래서 하나를 주면 하나를 받는 거래 관계 이상이 될 수 없다. 현대인들의 감정은 매우 예민하다. 상대가 뭘 생각하는지 어떤 걸 원하는지 대번에 눈치챈다.

사람들은 명절 때가 되면, 자신에게 도움이 되는 사람들의 목록을 만들어 메시지나 선물을 보낸다. 일종의 인맥 관리다. 그런데 사람의 일이란 도무지 알 수가 없다. 지금 당신에게 중요한 인물이라고 생각해서 정성을 들였지만, 막상 도움을 못 받을 수도 있다. 오히려 지금 별 볼 일 없어 보이던 사람이 조만간 당신에게 가장 중요한 인물로 부상할 수도 있다.

반면, 감정에는 부메랑 법칙이 있다. 감정을 주면, 준 만큼 다시 돌아온다. 그래서 사람들에게 무언가를 받고 싶으면, 내가 먼저 주면 된다.

예전에 "전 지방 사람이라 무뚝뚝해요"라고 말하던 30대 후반의 팀원을 만난 적이 있다. 무뚝뚝하지만 어딘지 믿음이 가고, 함께 있으면 든든한 사람이었다. 배우자, 부모, 아이에게 사랑한다는 말을 얼마나 자주 하냐고 물어보자 어색한 웃음을 지으며 말한다. "말이 뭐 중요한가요? 마음이 중요하죠."

당연히 마음이 가장 중요하다. 그런데 내가 그들을 사랑한다는 걸 어떻게 알릴 수 있을까? 평소 행동을 보면 알 수 있다고들 하지만 배우자도, 부모도, 자녀도, 함께 하는 동료들도 다들 각자 바쁘게 산다. 지레 내 마음을 짐작할 수도 있지만, 그렇지 않을 수도 있다. 혹여 상대가 고도의 독심술을 가지고 있다면 모를까, 표현하지 않으면서 "내 마음을 알아주겠지" 하는 건 좀 무책임한 태도다. 말은 해야 맛이다. 그래서 말하지 않는 마음은 마음이 아니고, 표현하지 않는 감정은 감정이 아니다.

정 부장은 자신이 사무실에 들어갔을 때 팀원들이 인사를 하지 않는 게 서운하다. 심지어 아침에 출근하면 자신과 눈을 마주치지 않으려고 파티션 밑으로 고개를 숙이는 팀원도 있는 것 같다. "요즘 MZ 세대들은 인사들을 잘 안 해!" 정 부장은 아침 인사도 제대로 안 하는 팀원들이 못마땅하다.

이처럼 회사에 출근했을 때 팀원들이 나를 보고 웃으며 인사해주기를 바란다면, 괘씸하게 여기지 말고 그 직원에게 먼저 웃으며 인사하면 된다. 내가 바랐던 대로 그 직원은 "좋은 아침입니다!" 하며 인사를 건넬 것이다.

부부가 서로를 공격한다. 남편은 아내가 아침밥도 챙겨주지 않는다고 서운해한다.

"아내가 남편 끼니도 안 챙겨? 너무한 거 아냐?"

그러자 아내가 한마디 한다.

"챙기고 싶게 만들어야 챙겨주지. 당신이 설거지라도 한 번 한 적 있어?"

아내는 남편이 집안일을 하지 않는 게 못마땅하고, 그래서 식사를 차려주고 싶지 않다.

이 부부가 진짜로 바라는 것은 무엇일까? "당신이 더 잘못했어!"라는 결론을 얻어내려는 것일까? 아니다. 남편은 아내가 아침밥 좀 챙겨주기를 바라고, 아내는 남편이 설거지나 분리수거를 해주기 바랄 뿐이다. 이 관계가 회복되고 서로가 원하는 걸 얻으려면, 상대가 바라는 행동을 먼저 해주면 된다. 내가 배려하면, 상대가 나를 배려한다. 반대로 내가 상대를 구박하면, 똑같은 구박이 내게 돌아온다.

혼자 힘으로 오르지 못할 나무는 많다

철의 여인으로 기억되는 영국 대처 수상의 이야기가 있다. 산더미 같은 나랏일을 처리하느라 바쁜 나날을 보냈던 대처 수상이 결코 빼놓지 않고 챙긴 것들이 있었다. 가족, 친척, 동료, 친구의 생일파티에 꼬박꼬박 참석하는 것이다. 수상의 바쁜 일정을 아는 비서가 보다 못해 그런 일들은 비서에게 시키라고 말했다. 그러자 대처 수

상은 이렇게 말했다.

"무슨 소리예요? 그들이 아니었다면 전 동네 반장도 못 맡았을 거예요."

지금의 자신이 있기까지 곁에서 도와주었던 많은 사람을 기억하기란 쉽지 않다. 성공한 순간, 자기 자신의 힘으로 모든 것을 이루었다는 합리화가 시작되기 때문이다. 그러나 제아무리 똑똑하고, 경력이 화려하고, 멋진 외모를 가져도 혼자만의 힘으로 성공할 수는 없다. 누군가가 당신을 지원하고 도왔기 때문에 지금 그 자리에 있는 것이다.

당신에게 상황을 냉철히 분석할 수 있는 분석력이 부족하다면, 그러한 분석력을 갖춘 사람을 부하직원으로 두면 된다. 당신의 성격이 소심해서 사람을 두루두루 사귈 수 있는 능력이 부족하다면 그런 사람을 친한 친구로 삼으면 된다. 다만 이들로부터 도움을 얻고 싶다면 먼저 그 사람들의 마음부터 얻어야 한다. 그리고 사람들의 마음을 얻으려면, 당연히 당신의 마음부터 건네야 한다.

마음을 얻는 데에 거창한 행동은 전혀 필요하지 않다. 큰돈을 빌려줄 필요도 없고, 보증을 서줄 필요도 없다. 사소한 데에서 감동이 온다. 평소 상대가 무엇이 필요한지 관심을 갖고 그걸 베푸는 것만으로도 충분하다. 쌀쌀한 아침, 일찍 출근하느라 몸이 움츠러든 동료에게 따뜻한 커피를 한 잔 건네보자. 커피 한 잔으로도 당신은 동료의 마음을 얻을 수 있다.

점심을 먹으러 간 식당에서 "이거 윤 프로가 좋아하는 겉절이네. 윤 프로는 김치 익힌 거 별로 안 좋아하잖아"라고 말해보자. 자신이 좋아하는 음식을 동료나 상사가 알고 있다는 사실만으로도 눈빛이 달라진다. 사소한 행동, 말 한마디로도 타인의 마음을 얻을 수 있다. 그러니 당신의 마음속에 있는 고마움, 안쓰러움, 사랑, 호감, 관심을 말과 행동을 통해 전하자.

누구나 성공에 대한 조바심을 가지고 살아간다. 그래서 막상 지금만 느낄 수 있는 소중한 감정들을 제대로 누리지 못한다. 사람들은 한평생을 살아가며 많은 것을 배우고 경험하고 이룬다. 그러나 무엇을 이루었고 어떤 성공을 했든지 간에 본인이 "나는 행복하지 않다", "내 삶을 후회한다"라고 느끼면, 그 삶은 순식간에 허무한 삶이 되어버린다.

우리의 감정은 상상 그 이상으로 엄청난 힘을 가진다. 이런 영향력을 가진 감정을 현명하게 다룰 수 있느냐 없느냐에 따라, 똑같은 환경 속에서 누구는 행복한 삶을 살고, 누구는 불행한 삶을 살아간다. 당신의 행복과 성공은 주변 사람들과 처한 환경이 결정하는 것이 아니다. 바로 당신 안의 감정이 결정한다. 그래서 감정은 결코 무시할 수도 없고 무시해서도 안 되는 소중히 여겨야 할 우리의 일부분이다.

오늘날 성공을 위해 반드시 갖추어야 할 능력이 참 많다. 문제 해결 능력, 기획 능력, 외국어 능력, 제품 개발 능력 등 신경쓸 것이 넘친다. 그러나 아무리 뛰어난 기술을 여럿 갖추고 있다 해도, 자신의 감정을 제대로 조절하지 못하거나 감정에 압도되면 가진 모든 것을 순식간에 잃을 수도 있다. 쌓아 올린 명성도, 경력도, 인간 관계도 물거품이 될 수 있다.

감정 솔루션

좋은 감정을 더 자주 나눈다

* 감정을 주면 그대로 다시 돌아온다는 감정의 부메랑 법칙을 기억하자. 당신이 따뜻한 감정을 상대에게 전하면 그대로 돌아오는 경우가 많다.
* 표현하지 않은 마음은 진정한 마음이 아니다. 상대방에게 당신의 좋은 감정들을 주저 말고 자주 전해야 한다. 분명 관계가 더욱 좋아질 것이다.

감정은
축복이다

요즘 만나는 대부분의 사람이 감정 때문에 힘들어한다. 다들 자신의 마음속 감정들을 주체하지 못해 불편해한다. 요동치는 감정이 감당이 안 되어 종종 무너지기도 한다. 그래서 본인을 힘겹게 만드는 이런 감정들은 모조리 사라졌으면 좋겠다고 하소연한다. "온갖 약들은 다 발명되면서, 감정을 사라지게 만드는 약은 대체 왜 안 나오는 거죠?"

내게 책은 감정을 관리하고 스트레스를 해소하는 효과적인 방법 중 하나다. 책을 살 때, 온라인서점에서 구매하거나 전자책을 결제하여 간편하게 이용하기도 하지만 서점에 직접 방문했을 때에 느낄 수 있는 특별한 감성이 있다. 서점에 들어섰을 때 마주하는 특유의 공기와 냄새가 있다. 또 책장 속에 나란히 꽂혀 있는 책 무더기를 대할 때의 압도감도 좋다. 그리고 또 다른 즐거움 중 하나는 바로 어린이 도서 코너에 들러 동화책을 구경하는 것이다. 색감 좋고 글씨도 큼직한 책이 가득하다.

어릴 적 우리는 동화책을 읽으며 자랐다. 주인공이 억울한 상황에 몰리고 누명을 뒤집어쓰는 대목에서는 주먹을 불끈 쥐며 화를 내고는 했다. 그런 안타까운 부분이 싫어서 해피엔딩으로 끝나는 책들만 골라 읽은 기억도 있다. 백설공주에게 독사과를 먹여 죽이려던 계모가 몹시 미웠는데, 질투심에 괴로워하는 계모가 조금 안쓰럽기도 했다. 아기돼지 삼형제의 이야기를 읽을 때는 늑대의 공격에 돼지 삼형제가 겪었을 두려움이 느껴져 밤잠을 설쳤다. 또 한편으로는 먹이사냥에 계속 실패하고 배를 곯는 늑대가 한심하면서도 불쌍했다. 이처럼 우리는 어린 시절부터 책 속 등장인물들의 미움, 질투심, 애처로움, 두려움, 안타까움 등을 함께 공감할 수 있었다. 그런데 만약 우리에게 감정이 없다면 어땠을까.

아무리 책을 읽고 영화를 봐도 그 상황에서 왜 그런 행동들을 하는지 도무지 감을 잡을 수가 없게 된다. 봄바람이 불어와도, 산호빛 바다를 봐도, 낙엽이 떨어져도, 첫눈이 와도 아무 감흥이 일어나지 않는다. 마치 마음이 돌덩이 같다. 감정의 기복이 없어져서 편할지 몰라도, 감정이 주는 혜택들은 이제 누릴 수가 없다. 문제는 이렇게 될 경우, 삶에 매우 치명적인 문제가 발생한다는 점이다. 우리가 맡은 소중한 역할들을 더 이상 감당해낼 수가 없게 되기 때문이다.

일단 회사에서 근무하는 직장인으로서의 역할 수행이 어렵다. 거래처의 업무 실수로 큰 문제가 발생했지만, 감정을 느끼지 못하니 발 빠른 대처가 불가능하다. 당장 달려가 사태를 파악하고 문제를 해결해야 하는데, 두려운 마음이 없으니 급할 게 없다. 차일피일 미루다 일을 키운다.

본인의 전공에 맞는 프로젝트의 책임을 맡게 되었지만, 설렘도 열정도 안 생긴다. 잘 해봐야겠다는 마음이 안 생기니, 굳이 시간과 노력을 들이지 않는다. 나올 결과는 뻔하다.

부모의 역할 역시 마찬가지다. 음식을 주고 잠잘 곳도 마련해주고 학교에 보내줬다고 해서 부모의 역할을 다했다고 볼 수 없다. 아직 어리고 미숙한 아이의 마음을 다독여주고 바람직한 방향으로 이끌어줘야 참된 부모다. 그런데 부모에게 감정이 없다면, 눈

앞에서 아이가 서럽게 울어도 대체 왜 우는 건지 어리둥절하다. 왜 저렇게 슬퍼하는지 이해가 안 된다. 우는 아이를 제대로 달랠 길이 없다. 내 아이가 억울하게 학교 폭력을 당했지만, 이 상황을 빨리 해결해야겠다는 분노와 조급함이 생기지 않는다. 어영부영 방치하다가 아이에게 상처를 남긴다.

자식으로서의 역할도 같다. 노쇠해가는 부모님이 느끼실 허무함과 두려움을 공감하지 못한다. 부모의 감정을 이해하지 못하니 따뜻한 위로를 건네기 어렵다. 오로지 자식 걱정뿐인 부모님에게 안쓰러운 마음도 들지 않는다. 때마다 용돈은 드리지만, 제대로 된 효도는 못 한다.

마지막으로 나 스스로를 보호하는 역할이 불가능하다. 감정을 다양하게 느껴보지 못한 사람은 감정에 대한 대처능력이 없다. 그래서 낯선 감정에도 쉽게 당황한다. 일상의 사소한 감정에서도 빠져나오지 못하고 허우적댄다. 경험치가 부족하니 어떻게 이 감정을 해결해야 할지 몰라 허둥대다가 주저앉는다. 이 세상을 살아가며 가장 우선적으로 지켜야 할 존재인 나 자신을 보호할 수가 없다.

감정은 소중한 사람들을 어떻게 보살피고 도움을 줘야 하는지 알려주는 안내서가 되어준다. 또한 내가 현재 감당하고 있는 역할들을 제대로 수행할 수 있게 도와주는 나침반이 된다. 그리고 스스로를 언제 돌아보고 어떻게 보호해야 할지를 알려주는 신호로도 사용된다. 그래서 감정은 축복이고 우리를 지켜주는 안전망이다.

지금 삶의 터널을 힘겹게 지나고 있는 누군가에게는 '감정이 축복'이란 말이 고통으로 느껴질 수 있다. 하지만 그럼에도 감정은 축복이 맞다. 우리 안에는 현재 느끼고 있는 힘든 감정들만 있는 게 아니라, 밝고 찬란한 감정들도 분명 함께 있다. 그래서 고되고 지치고 우울한 상황에서도 가슴 한켠에는 희망을 품을 수 있다. 내일은, 1년 후에는, 좀 더 시간이 지나면, 더 좋은 것들로 내 삶이 채워질 거라는 기대를 가질 수 있다. 나와 타인의 감정을 소중히 여기며 외면하지 않는다면, 우리의 삶은 더 의미 있고 풍요로워진다.

상황을 이해하고 태도를 결정하는

감정 관리도 실력입니다

1판 1쇄 인쇄 2023년 1월 24일
1판 1쇄 발행 2023년 1월 31일

지은이 함규정
펴낸이 고병욱

기획편집실장 윤현주 **책임편집** 조은서 **기획편집** 장지연 유나경
마케팅 이일권 김도연 김재욱 오정민 복다은
디자인 공희 진미나 백은주 **외서기획** 김혜은
제작 김기창 **관리** 주동은 **총무** 노재경 송민진

펴낸곳 청림출판(주)
등록 제1989-000026호

본사 06048 서울시 강남구 도산대로 38길 11 청림출판(주) (논현동 63)
제2사옥 10881 경기도 파주시 회동길 173 청림아트스페이스 (문발동 518-6)
전화 02-546-4341 **팩스** 02-546-8053
홈페이지 www.chungrim.com **이메일** cr1@chungrim.com
블로그 blog.naver.com/chungrimpub **페이스북** www.facebook.com/chungrimpub

ⓒ 함규정, 2023

ISBN 978-89-352-1403-7 (03320)